**Jesus als Begründer eines
platonischen Christentums**

Über den Autor

Prof. Dr. Enno Edzard Popkes forscht und unterrichtet zum Themenschwerpunkt ‚Geschichte und Archäologie des frühen Christentums und seiner Umwelt' an der Theologischen Fakultät der Christian-Albrechts-Universität zu Kiel. Er ist Mitbegründer und Vorsitzender der „Kieler Akademie für Thanatologie e.V."

Über das Anliegen der Reihe ‚Platonisches Christentum'

Christliche Theologie wurde seit ihren Anfängen durch Auseinandersetzungen mit dem Platonismus geprägt, die verschiedene Formen eines ‚platonischen Christentums' inspirierten. Die Beiträge der Reihe ‚Platonisches Christentum' nehmen diese Entwicklungen auf und stellen einen neuen Ansatz zur Diskussion: Jene Erfahrungsmuster, die heute mit dem (unpräzisen) Begriff ‚Nahtoderfahrungen' bezeichnet werden, haben bereits die Entstehung des Platonismus und des frühen Christentums geprägt. Wissenschaftliche Auseinandersetzungen mit dem Phänomen ‚Tod' im Generellen und mit sogenannten ‚Nahtoderfahrungen' im Speziellen eröffnen Zugänge zu neuen Formen platonisch-christlicher Religiosität.

Platonisches Christentum 2

Jesus als Begründer eines platonischen Christentums

Die Botschaft des Thomasevangeliums

Enno Edzard Popkes

Bibliografische Information der Deutschen Nationalbibliothek:
Die Deutsche Nationalbibliothek verzeichnet diese Publikation in der Deutschen Nationalbibliografie; detaillierte bibliografische Daten sind im Internet über http://dnb.dnb.de abrufbar.

Satz und Layout: Gerhild Schiller

© 2019 Popkes, Enno Edzard
Herstellung und Verlag: BoD – Books on Demand, Norderstedt
ISBN: 9783739203966

Inhaltsverzeichnis

Vorwort 7
1. Anliegen und Aufbau 9
2. Einleitende Informationen 11
   2.1 Thomas, der Zweifler? 12
   2.2 Thomas und die Thomaschristen 15
   2.3 Die Verdrängung und die Wiederentdeckung des Thomasevangeliums 18
   2.4 Die formale Gestaltung des Thomasevangeliums 23
   2.5 Differenzen der Jesus-Bilder der biblischen Evangelien und des Thomasevangeliums 26
   2.6 Das Thomasevangelium und das Johannesevangelium als Kontrastparallelen 28
   2.7 ‚Jesus trifft Platon auf dem Weg zur Gnosis': zur religionshistorischen Verortung des Thomasevangeliums 33
   2.8 Quellen und Hintergründe der platonischen Deutung der Gestalt und der Botschaft Jesu im Thomasevangelium 35
   2.9 Das Thomasevangelium, das Johannesevangelium und die Frage nach dem ‚historischen Jesus': eine Problemanzeige 37
   2.10 Verborgene Mosaike: zur Struktur und Übersetzung des Thomasevangeliums 40
3. „Wenn ihr euch erkennt ..." – Offenbarung durch Selbsterkenntnis 43
4. „ ... werdet ihr werden wie ich." – die Gleichwerdung mit Jesus 70

5. „Ich bin das Licht ... " –
   der Ursprung und die Vollendung der Schöpfung   73
6. „ ... und es erleuchtet die ganze Welt." –
   das göttliche Licht im Menschen   76
7. „Wir sind aus dem Licht gekommen ..." –
   Seelenwanderung als Lehre Jesu   81
8. Zusammenfassungen und Ausblicke   92

   8.1 Zusammenfassung der platonischen Deutung
   der Gestalt und Botschaft Jesu
   im Thomasevangelium   92

   8.2 Schematische Veranschaulichung der platonischen
   Deutung der Gestalt und Botschaft Jesu
   im Thomasevangelium   95

   8.3 Zusammenfassung der Leit-Thesen   96

9. Abkürzungsverzeichnis   99
10. Literaturverzeichnis   100

    10.1 Textausgaben und Übersetzungen des
    Thomasevangeliums   100

    10.2 Sekundärliteratur   101

Vorwort

Mit der Edition der Bände ‚Platonisches Christentum' verfolge ich zwei Anliegen. Einerseits möchte ich in allgemeinverständlicher Sprache die Erträge und die Konsequenzen skizzieren, die sich für mich aus meinen Studien zur Geschichte des frühen Christentums, zum Platonismus und zu sogenannten ‚Nahtoderfahrungen' ergeben haben. Andererseits möchte ich eine Diskussion anregen, die nur interdisziplinär und transdisziplinär geführt werden kann[1].

Beide Anliegen verbindet ein Grundgedanke, der vorausgreifend folgendermaßen umschrieben werden kann: Christliche Theologie wurde seit ihren Anfängen durch Auseinandersetzungen mit dem Platonismus geprägt, die verschiedene Formen eines ‚platonischen Christentums' inspirierten. Die Beiträge der Reihe ‚Platonisches Christentum' nehmen diese Entwicklungen auf und stellen einen neuen Ansatz zur Diskussion: Jene Erfahrungsmuster, die heute mit dem (unpräzisen) Begriff ‚Nahtoderfahrungen' bezeichnet werden, haben bereits die Entstehung des Platonismus und des frühen Christentums geprägt. Wissenschaftliche Auseinandersetzungen mit dem Phänomen ‚Tod' im Generellen und mit sogenannten ‚Nahtoderfahrungen' im Speziellen eröffnen Zugänge zu neuen Formen platonisch-christlicher Religiosität.

Die Grundzüge dieses Ansatzes werden in den fünf ersten Teilbänden dargelegt. Zunächst werden die historischen Hintergründe, die Methodik und die Terminologien dargelegt, auf denen alle Folgebände basieren (*Band 1: Platonisches Christentum: historische und methodische Grundlagen*). Der zweite Band bringt zur Geltung, wie früh bereits erste Formen eines platonischen Christentums beobachtet werden können. Dies wird an der Deutung der Gestalt und

---

1 Um eine interdisziplinäre und transdisziplinäre Anschlussfähigkeit zu ermöglichen, werden fachspezifische Diskurse nur in einem eingeschränkten Maße dokumentiert. In Bezug auf detaillierte fachspezifische Diskurse verweise ich auf meine Vorarbeiten und Forschungsprojekte, die im Literaturverzeichnis bzw. den Fußnoten angegeben sind.

der Botschaft Jesu erklärt, die das Thomasevangelium überliefert (*Band 2: Jesus als Begründer eines platonischen Christentums: die Botschaft des Thomasevangeliums*). Wesentliche Bezugsgrößen dieses Konzepts werden im dritten Teilband mit einer Skizze der Theologie Platons dargelegt (*Band 3: Die Theologie Platons: Hintergründe eines platonischen Christentums*). Vor diesem Hintergrund wird erläutert, inwiefern das Thomasevangelium und das Johannesevangelium Kontrastparallelen bilden, die wie in einem Brennglas Potenziale und Konfliktpotenziale eines platonischen Christentums zutage treten lassen (*Band 4: Das Thomasevangelium und das Johannesevangelium: Wiederbelebungen eines frühchristlichen Diskurses*). Der fünfte Band eröffnet jene neue Zugangsperspektive zu diesem Themenfeld, die in den Folgebänden ausgestaltet wird (*Band 5: Nahtoderfahrungen: platonisch-christliche Deutungen*).

> *Leit-These der Beiträge der Reihe ‚Platonisches Christentum':*
> Wissenschaftliche Auseinandersetzungen mit dem Phänomen ‚Tod' im Generellen und mit sogenannten ‚Nahtoderfahrungen' im Speziellen eröffnen Zugänge zu neuen Formen platonisch-christlicher Religiosität.

An der Fertigstellung dieser Bände waren viele Personen beteiligt. Dies gilt nicht nur für meine Mitarbeiterinnen und Mitarbeiter, die den Mühen des Korrekturlesens ausgesetzt waren. Es gilt auch für viele Freundinnen, Freunde und Familienmitglieder, die ich immer wieder mit der Frage konfrontiert habe, ob ich die mir vertraute wissenschaftliche Sprache in eine allgemeinverständliche Sprache ‚übersetzen' konnte. Danken möchte ich im besonderen Maße Sarah Perez Kuwald, Swantje Rinker, Jasmin Reschka-Zielke, Femke Schiller, Gerhild Schiller, Ullrich Schiller, Dr. Stephanie Gripentrog-Schedel, Tim Schedel, Alexander Gripentrog, Andreas Gripentrog, und – last, but not least – meiner Mutter Maria Luise Popkes-Wilts.

Kiel-Kronshagen, im Frühjahr 2019   Enno Edzard Popkes

1. Anliegen und Aufbau

Jesus hatte Schülerinnen und Schüler[2]. Dass ein Schüler Thomas hieß, ist unstrittig. Strittig ist jedoch, in welchem Verhältnis Jesus und Thomas zueinander standen. Das Evangelium des Thomas nimmt für sich in Anspruch, verborgene Worte Jesu zu überliefern, welche der Lehrer jenem Schüler anvertraute. Sie unterscheiden sich oft deutlich von jenen Worten Jesu, die im Neuen Testament überliefert werden. Dies wirft grundlegende Fragen auf: Was ist die Botschaft des Thomasevangeliums? Welche Bedeutung hat es für das Verständnis der Worte und Taten Jesu? Welche Bedeutung hat das Thomasevangelium für das Verständnis des frühen Christentums? Warum stellt jenes Evangelium, das mit dem Namen Johannes verbunden wurde, Thomas als einen Zweifler dar, der Jesus skeptisch gegenübersteht und der nicht an dessen körperliche Auferstehung glaubt?

Bereits diese ersten Fragen lassen erahnen, warum sich am Thomasevangelium massive Streitigkeiten entzünden, die weit über die Grenzen von Theologie und Kirche hinweg wahrgenommen werden. Vor allem liegt dies jedoch an einer Frage, die in unterschiedlichen Variationen formuliert werden kann. Einerseits kann sie hypothetisch in Bezug auf die Vergangenheit gestellt werden: *Was wäre gewesen, wenn jene Deutungen der Botschaft Jesu, die das Thomasevangelium überliefert, die Entwicklungen des Christentums so geprägt hätten wie die biblischen Schriften?* Andererseits kann sie als eine Frage formuliert werden, die konkrete Folgen für die Gegenwart und Zukunft nach sich zieht: *Was bedeutet es, wenn diese Deutung der Botschaft Jesu neu überdacht wird?*

Das vorliegende Buch stellt eine Antwort auf diese Frage zur Diskussion: *Das Thomasevangelium bietet eine platonische Deutung der Gestalt und der Botschaft Jesu, die neue Formen einer plato-*

---

[2] Der griechische Begriff *mathetes* wird seiner Wortbedeutung entsprechend mit ‚Schülerin' bzw. ‚Schüler' übersetzt.

1. Anliegen und Aufbau

nisch-christlichen Religiosität inspirieren kann.

> *Leit-These 2.1:* Das Thomasevangelium ist eines der ältesten Zeugnisse eines platonischen Christentums, dessen Botschaft heute neu bedacht werden sollte.

Die skizzierte Einschätzung wird mit folgenden Arbeitsschritten erläutert: Zunächst werden grundlegende Informationen vermittelt, welche für das Verständnis des Thomasevangeliums von Bedeutung sind (Kapitel 2). Daraufhin wird dargelegt, in welcher Weise die Gestalt und die Botschaft Jesu im Thomasevangelium platonisch interpretiert wird, und zwar an fünf Themenfeldern, die in den einzelnen Jesus-Worten regelmäßig vorkommen. Die Titel der einzelnen Kapitel spielen zunächst jeweils auf einen Teilaspekt eines Jesus-Wortes an (im Sinne der gewählten Reihenfolge handelt es sich dabei um EvThom 3,4; 108,1; 77,1; 24,3; 50,1). Jene Teilaspekte lassen bereits für sich genommen zentrale Aussagen des Thomasevangeliums erkennen:

„Wenn ihr euch erkennt ... "
„ ... werdet ihr werden wie ich."
„Ich bin das Licht ..."
„ ... und es erleuchtet die ganze Welt."
„Wir sind aus dem Licht gekommen ..."

Die Untertitel der Kapitel bringen die inhaltlich-sachlichen Aussageintentionen jener Leitgedanken zur Geltung. Hierbei handelt es sich um ‚Offenbarung durch Selbsterkenntnis' (Kapitel 3), die ‚Gleichwerdung mit Jesus' (Kapitel 4), den ‚Ursprung und die Vollendung der Schöpfung' (Kapitel 5), die ‚Erleuchtung der Welt' (Kapitel 6) und die ‚Seelenwanderung' (Kapitel 7). Abschließend werden die zentralen Merkmale der platonischen Deutung der Gestalt und der Botschaft Jesu nochmals zusammengefasst und schematisch veranschaulicht (Kapitel 8).

2. Einleitende Informationen

Bevor eine Deutung des Thomasevangeliums zur Diskussion gestellt wird, müssen grundlegende Informationen über die historischen Hintergründe und die literarische Gestaltung dieses Werkes vermittelt werden. Zunächst gilt es, sich einen Sachverhalt zu vergegenwärtigen, der für wissenschaftliche Betrachtungen der Geschichte des frühen Christentums von zentraler Bedeutung ist. Die Bibel ist – wie es ihr griechischer Name *ta biblia* („die Bücher') bereits andeutet – eigentlich eine Bibliothek. Sie überliefert Schriften, die von Menschen verfasst wurden, die in unterschiedlichen Zeiten, Gebieten und historischen Zusammenhängen gelebt haben. Dies gilt auch für den zweiten Teil der Bibel, für den sich der Name ‚Neues Testament' durchgesetzt hat. Es handelt sich um eine Sammlung von Schriften, die wichtige Einsichten in die Geschichte des frühen Christentums geben. Aber die Geschichte des Christentums war noch wesentlich vielschichtiger, als es das Neue Testament erahnen lässt. Dies gilt in besonderer Weise für jenen Schüler Jesu, der im Folgenden genauer betrachtet wird, also für Thomas und für das mit seinem Namen verbundene Evangelium. Aus diesem Grund wird zunächst der Kontrast zwischen biblischen und außerbiblischen Überlieferungen über Thomas dargelegt. Einerseits wird skizziert, in welcher Weise Thomas im Johannesevangelium zum Sinnbild eines Zweiflers stilisiert wurde, welcher der Botschaft Jesu skeptisch gegenüberstand und der nicht an die körperliche Auferstehung Jesu glauben wollte (2.1). Andererseits wird erläutert, welche außerbiblischen Überlieferungen über Thomas und die sich auf ihn berufenden Thomaschristinnen und Thomaschristen existieren (2.2). Ebenso muss dargelegt werden, warum das Thomasevangelium in der Antike verdrängt wurde und wie es im 20. Jahrhundert zu seiner Wiederentdeckung kam (2.3). Daraufhin wird zur Geltung gebracht, warum nicht nur die einzelnen Jesus-Worte des Thomasevangeliums geheimnisvoll wirken, sondern warum das Werk für sich genommen geheimnisvoll bleibt (2.4). Vor diesem Hintergrund kann erläutert werden, worin die Differenzen der Jesus-Bilder des Thomasevangeliums und der biblischen Evangelien bestehen (2.5), und zwar insbesondere der Jesus-Bilder des Thomasevangeliums und des Johannesevangeliums (2.6). Ebenso müssen die Grundprobleme einer religionshistorischen Verortung des Thomasevangeliums erörtert werden, und zwar insbesondere in Bezug auf die Quellen und Hintergründe seiner platonischen Denkansätze (2.7 bzw. 2.8). Letzteres führt zu einer Frage, die in den bisherigen Diskursen meines Erachtens zu wenig bedacht wurde: Welche Bedeutung haben die Kontraste zwischen dem Thomasevangelium und dem Johannesevangelium für die Frage nach dem sogenannten ‚historischen Jesus'? (2.9). Zum Abschluss der einleitenden Informationen werden die Übersetzung und Strukturierung der überlieferten Textzeugen des Thomasevangeliums erläutert (2.10).

2.1 Thomas, der Zweifler?

Welche Bedeutung hatte Thomas für die Entwicklung des frühen Christentums? Diese Frage kann sehr unterschiedlich beantwortet werden. Betrachtet man lediglich jene Sammlung von Schriften, die als ‚Neues Testament' bezeichnet wird, so kann man zu der Einschätzung gelangen, dass Thomas nahezu bedeutungslos war. Eine solche Einschätzung wandelt sich jedoch grundlegend, wenn auch jene Zeugnisse betrachtet werden, die nicht in das Neue Testament aufgenommen wurden. In außerbiblischen Überlieferungen wird Thomas als ein besonderer Schüler Jesu dargestellt, auf den sich verschiedene christliche Gemeinschaften berufen, die heute mit dem Sammelbegriff ‚Thomaschristen' bezeichnet werden.

Die gegensätzlichen Bilder von Thomas können folgendermaßen nachgezeichnet werden: Alle Evangelien, die in den Kanon des Neuen Testaments aufgenommen wurden, heben hervor, dass es unter den Schülerinnen und Schülern Jesu eine Person mit dem

Namen Thomas gab (vgl. Mk 3,16-19; Mt 10,2-4; Lk 6,13-16). Ebenso wird übereinstimmend erzählt, dass er einer besonderen Gruppe angehörte, nämlich dem Kreis von zwölf Schülern, die Jesus als Apostel bezeichnet haben soll. In den Evangelien, die mit den Namen Matthäus, Markus und Lukas verbunden worden sind, erfährt Thomas ansonsten keine weitere Aufmerksamkeit. Dies entspricht auch den Erzählungen der Apostelgeschichte (Act 1,13), welche als eine unmittelbare Fortsetzung des Lukasevangeliums gestaltet wurde.

Lediglich eine einzige Schrift im Neuen Testament erwähnt Thomas ein weiteres Mal – aber diese Erwähnung ist umso bedeutender. Im Johannesevangelium wird ein Bild von Thomas gezeichnet, durch welches er zum Sinnbild eines Zweiflers werden sollte. Er habe der Botschaft seines Lehrers skeptisch gegenübergestanden und sie nicht angemessen verstanden (Joh 11,16; 14,4-5; 20,24-29). Dies gelte vor allem für den Glauben an eine körperliche Auferstehung Jesu. Doch das literarische Bild des zweifelnden Thomas bildet zugleich den Hintergrund, vor dem der Verfasser des Johannesevangeliums den Höhepunkt seines Werkes inszeniert. Thomas soll gefordert haben, den auferstandenen Jesus mit eigenen Augen zu sehen und die Wundmale seiner Kreuzigung zu berühren. Ansonsten könne er nicht an seine körperliche Auferstehung glauben. Der johanneischen Erzählung zufolge soll diese Forderung erfüllt worden sein. Infolge dessen lässt der Verfasser des vierten Evangeliums Thomas das höchste Glaubensbekenntnis formulieren, das in den neutestamentlichen Schriften überliefert ist. Der ehemalige Zweifler Thomas spricht Jesus schließlich als ‚seinen Herrn und seinen Gott' an (Joh 20,28)[3].

Die Dramaturgie dieser Erzählung impliziert eine Frage, die sich

---

3   Zur grundlegenden Bedeutung von Joh 20,28f. für die Aussageintentionen des vierten Evangeliums vgl. H. Thyen, Johannesevangelium, 767: „Dies ist das adäquateste und gefüllteste Bekenntnis des gesamten Evangeliums. In ihm gipfeln alle bisherigen Prädikationen Jesu, und zugleich werden hier die Aussagen des Prologs (...) wieder eingeholt."

2. Einleitende Informationen

die Leserinnen und Leser des Johannesevangeliums stellen könnten: Gab es einen speziellen Anlass, warum der Verfasser des Johannesevangeliums gerade die Gestalt des Thomas als Sinnbild eines Zweiflers darstellt? Diese Frage ergibt sich bereits bei der Betrachtung der weiteren Evangelien im Neuen Testament, in denen Thomas nicht in dieser Weise in den Vordergrund gestellt wird. Sie gewinnt jedoch erheblich an Gewicht, wenn jene Schriften und Überlieferungen in die Diskussion einbezogen werden, die sich unmittelbar auf diesen Schüler Jesu beziehen. Auf diese Weise ergibt sich der Eindruck, dass der Verfasser des Johannesevangeliums eine bedeutende Gestalt des frühen Christentums und ihre Deutung der Botschaft Jesu kritisieren und korrigieren wollte[4]. Selbst wenn die überlieferten Textzeugen des Thomasevangeliums verhältnismäßig jung sind und gegenüber den Versuchen von Rekonstruktionen früherer Textstadien Skepsis geboten ist[5], so ist die literarische Stilisierung der Gestalt des Thomas im Johannesevangelium ein Indiz dafür, dass mit diesem Schüler Jesu eine spezifische Lehrtradition in Verbindung gebracht wurde.

Leit-These 2.2: Der Verfasser des Johannesevangeliums stilisiert Thomas zum Sinnbild eines Zweiflers, um eine konträre Deutung der Gestalt und Botschaft Jesu zu kritisieren.

---

4   Dieser Sachverhalt wird von J. Hartenstein, Charakterisierung, 262 präzise beschrieben: „Die Geschichte von Thomas bietet schon innerhalb des JohEv Extreme, vor dem Hintergrund des EvThom wird dies noch verschärft. Gerade die Demonstration der Leiblichkeit des Auferstandenen und der Bezug auf sein Sterben erscheinen so noch krasser, als sie ohnehin schon sind." Zu entsprechenden Einschätzungen sei verwiesen auf J. G. Riley, Resurrection, passim; A. D. DeConick, Voices, passim; S. Witischeck, Thomas, 211ff.; 256ff. bzw. 356ff.; E. Pagels, Geheimnis, passim; I. Dunderberg, Disciple, passim; S. J. Patterson, Way, 148-152.
5   Zu entsprechenden Rekonstruktionsversuchen sei verwiesen auf A. D. DeConick, Original Gospel, passim. Kritisch hierzu u.a. W. Eisele, Thomas, passim; J. Schröter/H.-G. Bethge, Thomas, 492ff.

2.2 Thomas und die Thomaschristen

Bis in die Gegenwart hinein existieren christliche Gemeinschaften, die oftmals als ‚Thomaschristen' bezeichnet werden. Dieser Begriff ist freilich missverständlich, da er keine offizielle Selbstbezeichnung ist. Das sogenannte ‚Thomaschristentum' ist keine einheitliche Konfession mit eigenständigen Bekenntnissen und Institutionen. Es handelt sich vielmehr um einen Sammelbegriff verschiedener Gruppen, die für sich in Anspruch nehmen, auf die missionarischen Aktivitäten dieses speziellen Schülers Jesu zurückzugehen[6].

> *Leit-These 2.3:* Der Sammelbegriff ‚Thomaschristen' bezeichnet unterschiedliche Gemeinschaften christlicher Religiosität, die sich auf den Apostel Thomas berufen und die nicht durch die Schriften des Neuen Testaments repräsentiert werden.

Viele Gemeinschaften, die mit dem Sammelbegriff ‚Thomaschristen' bezeichnet werden, verbindet die Vorstellung, dass Thomas die Botschaft seines Lehrers bis nach Indien getragen habe. Er sei bereits Anfang der 50er Jahre des ersten Jahrhunderts im Süden Indiens angekommen und dort zu Beginn der 70er Jahre als Märtyrer gestorben. Noch heute gibt es in Südindien verschiedene Kultstätten, die an die Mission und den Tod des Thomas erinnern. Geschichtswissenschaftlich betrachtet ist es freilich kaum möglich, bei diesen vielfältigen Traditionen zwischen zuverlässigen historischen Informationen und legendarischen Erzählungen zu unterscheiden. Gleichwohl kann ein Sachverhalt kaum abgestritten werden: Es gab einen Schüler Jesu mit dem Namen Thomas,

---

6 Treffend konstatiert J. Tubach, Elemente, 109: „Die Thomasüberlieferung ist eine sehr rätselhafte apostolische Tradition mit völlig disparaten Traditionssträngen." Ausführlich hierzu vgl. J. Thomaskutty, Saint Thomas, passim; S. Gathercole, Thomas, 144ff.; H.-P. Poirier, Thomas, 295ff.; P. Sellew, Thomas Christianity, 11ff.; B. Layton, Gnostic Scriptures, 362f.; H. J. W. Drijvers, Thomasakten, 291; G. Garitte, Thomas, 497ff.; R. Uro, Thomas, 10ff. etc.

der die Botschaft seines Lehrers in Regionen verbreitete, die in Zeugnissen des Neuen Testaments nur geringe oder keinerlei Aufmerksamkeit erfahren haben.

Der Vielschichtigkeit unterschiedlicher Überlieferungen über Thomas entspricht es auch, dass verschiedene Schriften für sich in Anspruch nehmen, auf ihn zurückzugehen. Diese unterscheiden sich freilich deutlich voneinander, und zwar sowohl formal als auch inhaltlich. Sie lassen erahnen, welche unterschiedlichen Vorstellungen mit dem Namen Thomas in Verbindung gebracht wurden. So erzählt z.b. das sogenannte ‚Kindheitsevangelium des Thomas', das nicht mit dem Thomasevangelium verwechselt werden darf, vermeintliche Begebenheiten aus dem Leben des jungen Jesus. Sie sollen die göttliche Macht und das außergewöhnliche Wissen veranschaulichen, die Jesus bereits als Kind gehabt haben soll. Viele dieser Legenden mögen heutigen Leserinnen und Lesern absonderlich erscheinen (so sei z.b. auf die bekannte Erzählung verwiesen, derzufolge der kleine Jesus an einem Bach spielte, aus Lehm Vögel formte und sie zum Leben erweckte). Sie entsprechen jedoch vielen antiken Legenden, welche nachträglich die Kindheit bedeutender Persönlichkeiten phantasievoll ausgeschmückt haben. Dass es sich mit Jesus nicht anders verhielt, dokumentieren bereits die biblischen Evangelien (dies gilt vor allem für die Legenden über die Geburt Jesu) und viele weitere Erzählungen, die in der Antike weit verbreitet waren. Allerdings wird im ‚Kindheitsevangelium des Thomas' eine Frage nicht beantwortet, die für eine Deutung des Thomasevangeliums von Interesse ist: Warum soll speziell Thomas eine jener Personen gewesen sein, die diese Begebenheiten überliefern können? Die Gestalt des Thomas wird im ‚Kindheitsevangelium des Thomas' nämlich nicht genauer betrachtet. Anders verhält es sich mit weiteren frühchristlichen Schriften, in denen Thomas selbst im Zentrum der Erzählungen steht. So wurden z.B. verschiedene Varianten der sogenannten ‚Thomasakten' überliefert, die wohl erst im dritten Jahrhundert entstanden sind. Sie verbinden verschiedene Erzählungen über

Thomas miteinander, welche seine Taten und Erfahrungen auf seinem Weg nach Indien schildern möchten. Ebenso kursierten in der Alten Kirche verschiedene Fassungen einer Thomasapokalypse, welche für sich in Anspruch nimmt, unmittelbar bevorstehende Ereignisse anzukündigen, die dem erwarteten Weltuntergang vorausgehen sollten.

Die bisher erwähnten Schriften haben miteinander gemeinsam, dass sie kaum das Verhältnis ansprechen, welches zwischen Jesus und Thomas als Lehrer und Schüler bestanden haben soll. Dies steht jedoch im Zentrum jener Thomasschriften, die im Zusammenhang der Nag-Hammadi-Kodizes gefunden wurden. Bevor die Hintergründe dieser Entdeckung im folgenden Arbeitsschritt erläutert werden, muss vorausgreifend ein Sachverhalt vergegenwärtigt werden, der jenem Bild des Zweiflers widerspricht, das im Johannesevangelium von Thomas gezeichnet wird. Im Rahmen der Nag-Hammadi-Schriften wurde nämlich nicht nur das Thomasevangelium wiedergefunden, sondern auch eine zuvor unbekannte Schrift, die ebenfalls mit diesem Schüler Jesu in Verbindung gebracht wird, nämlich das sogenannte ‚Buch des Thomas'. Es ist sicherlich kein Zufall, dass diese Schrift ebenfalls im zweiten Kodex überliefert wurde. Seiner literarischen Gestaltung zufolge nimmt das ‚Buch des Thomas' für sich in Anspruch, ein Gespräch wiederzugeben, das Jesus vor seiner Rückkehr in den Himmel mit Thomas geführt haben soll. Dabei wird Thomas von Jesus als „mein Zwilling und mein einzig wahrer Freund"[7] angesprochen. Er wird somit zum wichtigsten Schüler Jesu erklärt. Und ein derartiges Verhältnis zwischen Jesus und Thomas wird auch im Thomasevangelium vorausgesetzt, das nun genauer betrachtet werden kann.

---

7   Zu Texttradition und Übersetzung vgl. H.-M. Schenke, Thomas, 285.

2.3 Die Verdrängung und die Wiederentdeckung des Thomasevangeliums

In den vorhergehenden Ausführungen wurde die Eigentümlichkeit jenes Bildes erläutert, das der Verfasser des Johannesevangeliums von Thomas gezeichnet hat. Es wirft die Frage auf, ob es am Ende des ersten Jahrhunderts um die Gestalt des Thomas Streitigkeiten gegeben hat. Dieser Eindruck gewinnt erheblich an Gewicht, wenn Folgendes bedacht wird: Seit der Zeit des frühen Christentums ist bekannt, dass es ein ‚Evangelium des Thomas' gab. Es wurde von verschiedenen Autoren erwähnt, zitiert und kritisiert (unter anderem von Hippolyt, Origenes, Eusebius etc.[8]). Gleichwohl war das Thomasevangelium für lange Zeit verschollen. Dies änderte sich erst im Jahr 1945, als ägyptische Fellachen bei ihrer Arbeit zufällig einen ca. ein Meter großen Krug fanden, der in unwegsamem Gelände sorgsam versteckt war[9]. In diesem Gefäß befanden sich mindestens dreizehn Kodizes (dies ist die Bezeichnung für eine bereits in der Antike entwickelte Form von Büchern). Da der Fundort unweit der oberägyptischen Stadt Nag-Hammadi lag, werden dieselben seither als die Nag-Hammadi-Schriften oder als die Nag-Hammadi-Kodizes bezeichnet.

Die äußeren Umstände des Fundes sprechen dafür, dass jene Schriften kein ‚Altpapier' waren, die nur entsorgt werden sollten. Wesentlich wahrscheinlicher ist es, dass sie vor ihrer Vernichtung bewahrt werden sollten. Die einzelnen Kodizes waren in kunstvolle Lederumschläge eingebunden und zusätzlich von weiteren Schutzmaterialien umgeben. Darunter befand sich unter anderem auch eine Briefkorrespondenz, die einen Einblick in die

---

8   Zur Skizze entsprechender Zitate und Anspielungen vgl. S. C. Carlson, Use, 137-151; S. Gathercole, Thomas, 35ff. bzw. 62-90; H. W. Attridge, Greek Fragments, 103ff.; D. Lührmann, Fragmente, 106-108.

9   Die Umstände der Auffindung können nicht eindeutig rekonstruiert werden. Es gibt Indizien dafür, dass weitere Kodizes von ihren Findern nicht sachgemäß behandelt oder eventuell sogar vernichtet wurden. Ausführlich hierzu u.a. J. M. Robinson, Coptic Manuscript, passim; B. A. Pearson, Nag Hammadi, 982ff.

sozialen Hintergründe zu bieten scheint, aus denen die Nag-Hammadi-Schriften stammen. Hierbei handelt es sich um ein Kloster, welches bei Šeneset-Chenoboskion liegt. Da dieses Kloster nur ca. zehn Kilometer von dem Fundort jener Schriften entfernt ist, kann vermutet werden, dass die Nag-Hammadi-Schriften aus einem solchen Kloster stammen. Sie können von Mönchen abgeschrieben und studiert worden sein[10].

Doch nicht nur der Fundort, sondern auch die chronologischen Angaben sind aufschlussreich. Sowohl die Daten jener Briefkorrespondenz als auch die Analysen der Materialien der Kodizes deuten darauf hin, dass diese Texte in der ersten Hälfte des vierten Jahrhunderts abgeschrieben oder übersetzt wurden. Dies ist bemerkenswert, da dieser Zeitraum für die Geschichte der Entwicklung des neutestamentlichen Kanons von hoher Relevanz ist. Im Jahre 367 n. Chr. verfasste Athanasius, der Bischof von Alexandrien, seinen 39. Osterfestbrief. In diesem Schreiben legte Athanasius fest, welche schriftlichen Zeugnisse des frühen Christentums in seinem Amtsbereich eine legitime Grundlage für Gottesdienste und theologische Reflexionen bilden und welche nicht. Diese Auswahl lässt sich teilweise bereits in früheren Formen einer Kanon-Bildung erkennen und sie wurde schrittweise auch in anderen Amtsgebieten der Alten Kirche angenommen. Auf diese Weise wurde eine Vielzahl von Zeugnissen des frühen Christentums für illegitim erklärt. Aus diesem Grund können jene Anweisungen, die Athanasius in seinem 39. Osterfestbrief formuliert hatte, ein Anlass dafür gewesen sein, dass die Nag-Hammadi-Schriften versteckt wurden. Und dies waren wohl auch die Hintergründe dafür,

---

10 Grundlegend zu diesen religionssoziologischen Hintergründen zuletzt H. Lundhaug/J. Lance, Monastic Origins, passim; C. Markschies, Nag-Hammadi-Schriften, 15-36. Zu frühen Stadien des Diskurses vgl. J. W. B. Barns/G. M. Brown/J. C. Shelton, Cartonage, 142-144; H. Bacht, Vermächtnis II, 20 bzw. 25f.; F. Wisse, Early Monasticism, 431ff.

2. Einleitende Informationen

dass das Thomasevangelium für so lange Zeit verschollen war[11]. Durch die Nag-Hammadi-Funde wurde somit eine vollständige Fassung des Thomasevangeliums wieder zugänglich. Sie wurde als die zweite Schrift in den zweiten Kodex integriert (aus diesem Grund wird diese Textfassung mit der Abkürzung NHC II,2 bezeichnet). Gleichwohl handelt sich bei diesem Exemplar um eine koptische Übersetzung, also um eine Fassung des Werkes in der Sprache der ägyptischen Christen. Es ist jedoch unstrittig, dass dies nicht die Sprache war, in welcher das Thomasevangelium ursprünglich abgefasst wurde. Hierfür sprechen nicht nur sprachliche Indizien, sondern auch weitere Fragmente des Werkes. Letztere wurden bereits an der Wende vom 19. zum 20. Jahrhundert gefunden, und zwar im Rahmen der sogenannten Oxyrhynchus-Papyri. Da jedoch in diesen Fragmenten die Bezeichnung ‚Evangelium nach Thomas' nicht vorlag, konnten sie erst durch Vergleiche mit der koptischen Übersetzung als ältere griechische Varianten des Thomasevangeliums identifiziert werden (diese werden mit den Abkürzungen P.Oxy 1,1-42; 654,1-42; 655 [d] 1-5 bezeichnet). Da zwischen den einzelnen Textzeugen wiederum zuweilen deutliche Unterschiede bestehen, kann strenggenommen eigentlich nicht von *dem* Thomasevangelium, sondern nur von ‚Traditionen des

---

11 Vgl. C. W. Hedrick, Gnostic Proclivities, 94: „Prior to Athanasius' proclamations they were probably regarded by the visionaries like the ‚other books', not included in the canon but yet approved by the fathers to be read for ‚instruction in the word of the godliness', i. e., the Wisdom of Salomon, the Wisdom of Sirach, Esther, Judith, Tobit, the Teaching of the Apostles and the Shepard. Although the collection of books used by the visionaries would probably not have been approved reading for a monk, it was at least not officially forbidden reading until after A. D. 367. After this date the books could no longer be used in the monasteries … because the Bishop has prohibited it." Zu den Hintergründen der Begriffe ‚kanonisch'/‚außerkanonisch' bzw. ‚apokryph' vgl. ferner C. Tuckett, Name, 149-164; T. Nicklas, Christian Apokrypha, 23-38; H.-J. Klauck, Umwelt II, 155; H. Lundhaug/J. Lance, Monastic Origins, 146f. bzw. 172-174; C. Markschies, Nag-Hammadi-Schriften, 18f.

2. Einleitende Informationen

Thomasevangeliums' gesprochen werden[12].

Auch wenn alle überlieferten Textzeugen des Thomasevangeliums somit in Ägypten gefunden wurden, sprechen verschiedene Indizien dafür, dass seine geistigen Wurzeln auch im syrischen Christentum liegen. Hierbei handelt es sich unter anderem um sprachliche Indizien, um Berührungen mit jenen Thomas-Traditionen, die im vorhergehenden Arbeitsschritt erwähnt wurden, und um Berührungen mit weiteren Zeugnissen des syrischen Christentums (dies gilt vor allem für das sogenannte ‚Diatessaron', also den Versuch einer Harmonisierung der vier neutestamentlichen Evangelien, die von dem syrischen Theologen Tatian ca. 170 n. Chr. verfasst wurde)[13]. Noch komplexer wird die Diskussionslage jedoch, wenn zudem gefragt wird, inwiefern die in den Traditionen des Thomasevangeliums vorliegenden Vorstellungen indirekt bereits in frühchristlichen Zeugnissen angesprochen werden, die ohne Zweifel zu den ältesten Entwicklungsstufen zu zählen sind[14].

---

[12] Treffend hebt W. Eisele, Thomas, 250 hervor, dass „wir akzeptieren [müssen], dass wir es bei dem Thomasevangelium nicht mit einem einzigen Thomas zu tun haben." So in kritischer Abgrenzung zu Versuchen, ursprünglichere Fassungen des Thomasevangeliums zu rekonstruieren, für die es keine textgeschichtlich validen Fundamente gibt. Paradigmatisch für einen solchen Rekonstruktionsversuch sei verwiesen auf A. D. DeConick, The Original Gospel, passim.

[13] Zur Diskussion vgl. u.a. N. Perrin, Tatian, passim; ders., Aramaic Origins, 50-59. Falls sich durch weitere Textfunde die Grundlage der Diskussion nicht ändern sollte, wird das von S. Gathercole, Thomas, 110f. formulierte Resümee einer langen Forschungsdiskussion sich wohl kaum ändern: „In the end, then, it is probably best to admit our ignorance about Thomas's provenance, while acknowledging that Syria and Egypt are reasonable possibilities."

[14] Während die literarische Stilisierung der Gestalt des Thomas im Johannesevangelium bereits fortgeschrittene Reflexionsebenen erkennen lässt, wirken einzelne Jesus-Worte des Thomasevangeliums wie Kontrastparallelen zu Vorstellungen, die bereits in den paulinischen Briefen angesprochen werden. Zum Verhältnis von Traditionen wie EvThom 51/1 Kor 15,12; EvThom 83-84/1 Kor 15,46-49; EvThom 17/1 Kor 2,9; EvThom 77/1 Kor 8,5f. sei verwiesen auf E. E. Popkes, Wiederbelebungen, Kapitel 2: Die Anfänge eines platonischen Christentums: eine Spurensuche.

2. Einleitende Informationen

> *Leit-These 2.4:* Auch wenn seine überlieferten Textzeugen und Traditionen verhältnismäßig jung sind und ein sukzessives Wachstum erkennen lassen, repräsentiert das Thomasevangelium frühchristliche Diskurspositionen, die indirekt bereits in kanonischen Zeugnissen begegnen.

Religionshistorisch betrachtet ist das Thomasevangelium ebenso wie viele weitere Zeugnisse der Nag-Hammadi-Schriften von höchstem Wert. Diese Schriften bieten Zugänge zu alternativen Formen des frühen Christentums, die im Zuge der Ausbildung des neutestamentlichen Kanons und dogmatischer Lehrbildungen verdrängt wurden[15]. Ihre Eigentümlichkeiten können nur angemessen verstanden werden, wenn sie nicht an jenen christlichen Konzepten gemessen werden, die sich in der Geschichte des Christentums schließlich durchgesetzt haben – oder um es präziser zu sagen: die durchgesetzt wurden. Aus diesem Grund wird inzwischen von verschiedenen Stimmen aus Wissenschaft und Kirche gefordert, das Thomasevangelium als das ‚fünfte Evangelium' zu verstehen und in theologischen Reflexionen und kirchlichen Kontexten zu würdigen[16]. Das Thomasevangelium bringt somit paradigmatisch zur Geltung, inwiefern sich zwischen kanonischen und außerkanonischen Zeugnissen des frühen Christentums ‚ver-

---

15 Exemplarisch sei auf die Einschätzung von A. D. DeConick, The Original Gospel, 5f. verwiesen, welche das Thomasevangelium für ein Paradigma einer frühchristlichen Mystik hält: „An ancient ‚Orthodox' Syrian Gospel: this is the historical context for the Christianity described in the Gospel of Thomas. The sayings in this little book describe a mystical form of Christianity in which the believer worked not just to understand God, but to ‚know' him in the deepest and intimate sense. They wished to experience God immediately and directly. The Thomasine Christians teach us in their Gospel that the first step toward this Ultimate experience is to achieve a personal state of passionlessness. Complete control over their bodies garnered for them the condition necessary to storm the gates of Eden."
16 Zur Prägung und inhaltlich-sachlichen Ausgestaltung der Rede vom ‚fünften Evangelium' vgl. die Beiträge des programmatischen Sammelbands von S. J. Patterson/J. M. Robinson (Hg.), Fifth Gospel, passim.

borgene Diskurse' beobachten lassen, deren Wiederbelebungen meines Erachtens Theologie und Kirche wertvolle Impulse vermitteln können[17].

> *Leit-These 2.5:* Apokryphe Zeugnisse wie das Thomasevangelium bringen frühchristliche Diskurse zur Geltung, die heute neu belebt werden sollten.

Auch wenn das Thomasevangelium nach seinem letzten Jesus-Wort explizit als Evangelium bezeichnet wird, unterscheidet es sich deutlich von den neutestamentlichen Evangelien, und zwar sowohl in Bezug auf seine formale Gestalt als auch in Bezug auf seine inhaltliche Botschaft. Diese Differenzen werden in den beiden folgenden Arbeitsschritten erläutert.

2.4 Die formale Gestaltung des Thomasevangeliums

Das Thomasevangelium nimmt für sich in Anspruch, ‚verborgene Worte' Jesu zu überliefern. Doch nicht nur die einzelnen Worte wirken geheimnisvoll. Das Thomasevangelium selbst umgibt viele Geheimnisse. Dies gilt bereits für die Frage, wer dieser Jesus eigentlich sein soll. Würde man bei einer Lektüre des Thomasevangeliums nicht die Erzählungen der biblischen Evangelien voraussetzen, so wäre völlig unklar, wann und wo Jesus gewirkt hat. Auch die formale Gestalt des Thomasevangeliums wirft viele Fragen auf. Sein Prolog hebt hervor, dass Thomas geheime oder ge-

---

[17] Zu Struktur und Anliegen dieses Konzepts vgl. E. E. Popkes, Platonisches Christentum, Kapitel 3 bzw. 4. Tendenziell ähnlich konstatiert bereits G. Theißen, Religion, 383f.: „Denn mit seiner Nicht-Aufnahme ging eine wertvolle Variante urchristlichen Glaubens verloren: eine individuelle urchristliche Mystik. (...) Es verkörpert in einer reinen Form die Botschaft vom unendlichen Wert der menschlichen Einzelseele. (...) Es spricht zu Einzelnen und Einsamen. Und es bietet ihnen eine Mystik der Vereinigung mit Gott an: eine Rückkehr dorthin, woher alles stammt." Zur entsprechenden Beiträgen aus dem Bereich der Praktischen Theologie vgl. G. M. Martin, Thomas-Evangelium, passim.

heimnisvolle Worte Jesu aufgeschrieben hat. Es folgen 114 separate Texteinheiten. Zumeist werden sie mit der Formel ‚Jesus sagt' eingeleitet. Fragen der Schüler Jesu werden selten erwähnt. Dialoge fehlen fast vollständig[18]. Auch eine thematische Ordnung der Texteinheiten lässt sich nicht erkennen. Einzelne Worte Jesu sind durch Stichworte und Motive miteinander verbunden. Sie können unmittelbar aufeinander folgen, aber auch getrennt voneinander angeordnet sein. Im Kontrast zu den biblischen Evangelien, welche die Worte und Taten Jesu im Rahmen kunstvoll gestalteter Erzählungen darbieten, wirkt das Thomasevangelium zuweilen wie ein ungeordneter Zettelkasten. Aus diesem Grund wurde es immer wieder mit der sogenannten Logienquelle in Beziehung gesetzt[19]. Dies hat folgende Hintergründe: Seit den Anfängen historisch-kritischer Betrachtungen der biblischen Schriften wird diskutiert, in welchem Verhältnis die Evangelien zueinander stehen. Bereits in der Mitte des 19. Jahrhunderts wurden die Grundzüge der sogenannten ‚Zwei-Quellen-Theorie' entwickelt, welche bis heute – in unterschiedlichen Variationen – in der Forschung mehrheitlich vertreten wird. Ihre zentrale These besteht in der Annahme, dass die Verfasser des Matthäusevangeliums und des Lukasevangeliums jeweils (eventuell verschiedene) Fassungen des Markusevangeliums kannten und ausgestaltet haben. Daneben haben sie schriftliche Sammlungen von Worten Jesu verwendet, welche sie auf unterschiedliche Weise in den Rahmen der Erzählung des Markusevangeliums eingearbeitet haben. Die Hypothese der Existenz einer schriftlichen Sammlung von Jesus-Worten wurde somit bereits fast 100 Jahre vor der Wiederentdeckung des Thomasevangeliums formuliert. Da das Thomasevangelium ebenso

---

18 Die größtenteils fehlenden Rahmungen der Worte Jesu wertet C. W. Hedrick, Thomas, 11 als Indiz, dass das Thomasevangelium nicht für eine spezifische Gruppierung konzipiert wurde: „Certain sayings seem to assume a user community (sayings 25, 26, 39a, 40, and 99), but generally Thomas reflects a universalism inviting anyone to share in its religious views by discovering the right interpretation of the words of Jesus (saying 1) … ".

19 Zur Skizze entsprechender Diskussionen vgl. S. Gathercole, Thomas, 29-32.

eine Sammlung von Jesus-Worten ist, wird bis in die Gegenwart hinein kontrovers diskutiert, in welchem Verhältnis es zur Logienquelle steht. Und auch diese Diskussionen führen wiederum zu der Frage, wie alt das Thomasevangelium ist.

Noch eigentümlicher wirkt die Gestaltung des Thomasevangeliums, wenn folgendes Problem bedacht wird: Viele Jesus-Worte des Thomasevangeliums sind eigentlich nicht ‚geheim'. Sie haben vielmehr deutliche Parallelen in den biblischen Evangelien. Es scheint sich somit nicht um ‚geheim gehaltene' Worte Jesu zu handeln. Sie sind vielmehr geheimnisvoll, weil ihre Bedeutung nicht unmittelbar erkennbar ist.

Die beschriebenen Aspekte werfen viele Fragen auf: Warum schenkt das Thomasevangelium dem Leben und dem Tod Jesu so wenig Aufmerksamkeit? Liegt dies daran, dass es – ebenso wie die Briefe des Paulus – zu den ältesten Schriften des frühen Christentums gehört? Auch Paulus erwähnt kaum das Leben und die Taten Jesu. Er setzt voraus, dass seine Leserinnen und Leser darum wissen. Ist dies auch bei dem Thomasevangelium der Fall? Und in welchem Verhältnis stehen die Jesus-Worte des Thomasevangeliums und der biblischen Evangelien zueinander? Ist auch das Fehlen einer Struktur und Rahmung ein Hinweis dafür, dass es sehr alte Formen von Worten Jesu überliefert? Ist das Thomasevangelium völlig unabhängig von den biblischen Evangelien entstanden oder lassen sich Indizien wechselseitiger Beeinflussungen erkennen? Derartige Fragen werden seit der Wiederauffindung dieses Werkes kontrovers diskutiert. Warum diese Kontroversen jedoch eine so hohe Aufmerksamkeit auf sich ziehen, hängt mit einer Frage zusammen, welche die zuvor genannten Fragen kontinuierlich begleitet: Überliefert das Thomasevangelium eine Deutung der Botschaft Jesu, welche sich zu Recht auf Jesus selbst beruft? Die Brisanz dieser Frage wird erst erkennbar, wenn nicht nur die formalen Unterschiede zwischen den biblischen Evangelien und dem Thomasevangelium betrachtet werden, sondern auch ihre inhaltlichen Differenzen.

2.5 Differenzen der Jesus-Bilder der biblischen Evangelien und des Thomasevangeliums

Wer war die historische Gestalt Jesus von Nazareth? Was war seine Botschaft? Wer hat die Botschaft Jesu angemessen gedeutet? Solche Fragen wurden seit den Anfängen religionsgeschichtlicher Betrachtungen des frühen Christentums in vielen Variationen formuliert. Präzise beantwortet werden können sie jedoch nicht. Antworten religionsgeschichtlicher Forschungen sind vielmehr nur Ausdruck einer ‚gelehrten Unwissenheit'. Mit anderen Worten: Wissenschaftlich betrachtet können viele Sachverhalte, die für das Verständnis des Lebens und der Botschaft Jesu von Bedeutung sind, eventuell nie geklärt werden. Es kann aber erklärt werden, warum dies nicht möglich ist[20]. Trotz dieses Vorbehalts kann eine These formuliert werden, die für das Verständnis des Thomasevangeliums von Bedeutung ist: Auch wenn die Jesus-Bilder der biblischen Evangelien keineswegs einheitlich sind, so haben sie zentrale Motive miteinander gemeinsam. Diese unterscheiden sich grundlegend von der Deutung der Gestalt und Botschaft Jesu, die durch das Thomasevangelium überliefert wird. Besonders deutlich sind jedoch die Unterschiede zwischen dem Johannesevangelium und dem Thomasevangelium.

> *Leit-These 2.6:* Auch wenn die biblischen Evangelien keine einheitlichen Jesus-Bilder überliefern, unterscheiden sie sich grundlegend von dem Jesus-Bild des Thomasevangeliums.

Die biblischen Evangelien stimmen darin überein, dass Jesus nicht nur als ein jüdischer Wanderprediger auftrat. Er habe vielmehr

---

[20] Grundlegende Einblicke in die Geschichte und Themenfelder dieser ebenso komplexen wie kontroversen Fragestellungen bieten die Beiträge der Sammelbände von J. Schröter/C. Jacobi (Hg.), Jesus-Handbuch, passim; B. Chilton/C. A. Evans (Hg.), Jesus, passim; T. Holmén/S. E. Porter (Hg.), Jesus, passim; G. Theißen/A. Merz, Jesus, 21-30; S. J. Patterson, Historical Jesus, 233-249.

für sich in Anspruch genommen, Menschen ihre Sünden vergeben zu können. Er soll seine Botschaft durch verschiedene Heilungen und Wunder bekräftigt haben. Sündenvergebungen, Wunder und Heilungen Jesu werden im Thomasevangelium jedoch nicht erwähnt. Die Aufmerksamkeit gilt ausschließlich den Worten Jesu. Die biblischen Evangelien verbindet die Vorstellung, dass sich in den Worten und Taten Jesu Hoffnungen erfüllt haben, die in der jüdischen Bibel dokumentiert sind. Das Thomasevangelium lässt hingegen keine Bezüge auf die jüdische Bibel erkennen. Was dies bedeutet, kann an einem markanten Beispiel erläutert werden. Die jüdische Bibel dokumentiert Hoffnungen auf eine messianische Gestalt, deren Ankunft eine neue Herrschaft Gottes einleiten soll. Die biblischen Evangelien verbindet die Vorstellung, dass Jesus von Nazareth diese Gestalt ist. Oder um es gemäß der griechischen Übersetzung dieser Begriffe zu sagen: Jesus sei ‚der Christus', mit dem das Reich Gottes anbricht. Eine zentrale Frage einer religionshistorischen Sicht auf das frühe Christentum ist, ob Jesus sich selbst als ein solcher Christus verstanden hat oder ob er nur von anderen Personen dafür gehalten wurde. Auch diesbezüglich unterscheidet sich die Deutung des Thomasevangeliums grundlegend von den biblischen Jesus-Bildern: Der Titel ‚Christus' wird in diesem Werk weder direkt noch indirekt erwähnt. Die mit ihm verbundenen Erwartungen entsprechen nicht den Jesus-Worten des Thomasevangeliums.

Ferner stimmen die biblischen Jesus-Bilder darin überein, dass es zu massiven Konflikten zwischen Jesus und führenden Autoritäten des zeitgenössischen Judentums kam, die in seiner Gefangennahme in Jerusalem gipfelten. Jesus wurde durch den Hohen Rat als Gotteslästerer und Aufrührer verurteilt und schließlich auf Befehl des römischen Präfekten Pontius Pilatus hingerichtet. Demgegenüber schenkt das Thomasevangelium der Passion Jesu keinerlei Aufmerksamkeit.

Gleiches gilt für jene Erzählungen, welche den Höhepunkt der biblischen Evangelien bilden, nämlich für Erzählungen von einer körperlichen Auferstehung Jesu. Diese fehlen im Thomasevangelium vollständig. Ein leeres Grab Jesu oder Begegnungen des Auferstandenen mit seinen Nachfolgerinnen und Nachfolgern werden nicht erwähnt. Sie würden der Botschaft des Thomasevangeliums auch nicht entsprechen. Stattdessen werden traditionelle Vorstellungen von Auferstehung sogar kritisiert.

Ebenso verhält es sich mit dem Verständnis des Todes Jesu. Die biblischen Evangelien heben auf unterschiedliche Weise hervor, dass der Tod Jesu ein Opfer- bzw. Sühneopfertod sei. Gott selbst habe durch den stellvertretenden Tod seines Sohnes sein Verhältnis zu seiner Schöpfung neu bestimmt. Diese Deutungen basieren zumeist auf Opfervorstellungen, die in der jüdischen Bibel dokumentiert werden. Derartige Vorstellungen fehlen wiederum im Thomasevangelium vollständig.

> *Leit-These 2.7:* Für das Thomasevangelium haben die historischen Umstände des Lebens Jesu, der Glaube an einen Sühnetod Jesu und der Glaube an eine körperliche Auferstehung Jesu keine Relevanz.

2.6 Das Thomasevangelium und das Johannesevangelium als Kontrastparallelen

Die im vorhergehenden Arbeitsschritt skizzierten Differenzen bestehen zwischen dem Thomasevangelium und allen biblischen Evangelien. Die größten Differenzen lassen sich jedoch zwischen dem Johannesevangelium und dem Thomasevangelium beobachten[21]. Im Johannesevangelium werden verschiedene Vorstellungen signifikant ausgestaltet, die in älteren Zeugnissen des frühen Christentums lediglich in Ansätzen erkennbar sind. Im besonderen Maße gilt dies für die Vergöttlichung Jesu und für die Deutung des Todes Jesu als Sühnetod.

Wie in keinem anderen Zeugnis des biblischen Kanons wird Jesus im Johannesevangelium als Inkarnation Gottes dargestellt. Dies wird bereits durch den Prolog hervorgehoben (Joh 1,1-3.14) und im Verlauf der Erzählungen des vierten Evangeliums entfaltet. Dabei zeigt sich eindrücklich, wie sehr sich dieses Bild von Jesus von der historischen Gestalt eines jüdischen Wanderpredigers entfernt hat. Der Jesus des Johannesevangeliums beschreibt sich selbst in einer Weise, die für jüdische Mitmenschen unvorstellbar und skandalös wäre: Er bezeichnet sich als den Sohn Gottes, der mit seinem Vater wesenseins sei (Joh 10,30). Wer ihn sehen würde, würde jenen Vater sehen (Joh 14,9)[22]. Gott habe ihm die Macht verliehen, ewiges Leben zu vermitteln (Joh 5,24-29). Er könne seine Macht dadurch demonstrieren, dass er selbst Leichen auferstehen lässt, die bereits verwesen (Joh 11,38-44). Das Verhältnis der Menschen zu Gott würde sich an ihrem Verhältnis zu ihm entscheiden. Nur wer an Jesus als den Sohn Gottes glaubt, wird ewiges Leben erlangen und nicht verloren gehen. Wer nicht an ihn glaubt, sei bereits verurteilt (Joh 3,16-18). Auch hier tritt eindrücklich die Differenz zum Thomasevangelium zutage. Von

---

21 Das Verhältnis zwischen dem Johannesevangelium und dem Thomasevangelium wurde seit der Auffindung der Nag-Hammadi-Kodizes oftmals kontrovers diskutiert. Zur Forschungsgeschichte und zur Skizze unterschiedlicher Erklärungen vgl. u.a. S. Witetscheck, Thomas, passim; S. Gathercole, Thomas, 64f. bzw. 176ff.; E. E. Popkes, Licht, passim; G. J. Riley, Resurrection, passim; A. D. DeConick, Voices, passim; I. Dunderberg, Disciple, passim bzw. S. J. Patterson, Way, 148-152, der treffend feststellt: „But of all the New Testament writings, the closest to Thomas in both theology and worldview is the Gospel of John." (op. cit., 148).

22 Die dem johanneischen Jesus in den Mund gelegten Selbstprädikationen entsprechen ihrerseits Bekenntnissen, die durch weitere textinterne Figuren vorbereitet werden (z.B. durch den Täufer Johannes in Joh 1,29-34 etc.). Ausführlich hierzu F. Kunath, Präexistenz, passim.

einem Glauben an Jesus ist in diesem Werk keine Rede. Der Jesus des Thomasevangeliums fordert seine Schüler vielmehr dazu auf, sich selbst zu erkennen.

Doch nicht nur die Gestalt Jesu wird im Johannesevangelium in einer analogielosen Weise zu einer Inkarnation Gottes stilisiert. Gleiches gilt auch für die Deutung des Todes Jesu. Jesus habe als Sohn Gottes den Auftrag von seinem Vater, sein Leben dahinzugeben und es sich selbst wieder zu nehmen (Joh 10,17-18). Er sei der gute Hirte, der sein Leben für seine Schafe gibt (Joh 10,15). Jesus sei das Lamm Gottes, das die Sünde der Welt trägt (Joh 1,29). Er sei das Brot des Lebens, das für das Leben der Welt gegeben wird (Joh 6,51). Nur wer sein Fleisch isst und sein Blut trinkt, wird von ihm ewiges Leben verliehen bekommen (Joh 6,53-56). Auch diese Züge des Johannesevangeliums unterscheiden sich grundlegend von der Deutung der Botschaft Jesu, die im Thomasevangelium überliefert wird. Dass es den Tod Jesu nicht als einen stellvertretenden Sühnetod im Geist jüdischer Opferrituale versteht, wurde bereits angedeutet. Dass jedoch ein Essen des Fleisches und ein Trinken des Blutes Jesu eine Voraussetzung für die Teilhabe am ewigen Leben sein soll, wäre im Sinne des Thomasevangeliums grotesk.

Die skizzierten Züge des Johannesevangeliums zeichnen ein Bild von Jesus, das sich ohne Zweifel bereits weit von der historischen Gestalt des jüdischen Wanderpredigers aus Nazareth entfernt hat. Dieser Sachverhalt kann wiederum eine Frage hervorrufen: Was hat den Verfasser des vierten Evangeliums dazu veranlasst, ein solches Bild von Jesus zu gestalten? Eine religionshistorische Betrachtung des frühen Christentums ermöglicht unterschiedliche Antworten auf diese Frage. Sie verbindet jedoch eine Einsicht: Seit den Anfängen des frühen Christentums konkurrierten verschiedene Deutungen der Worte und Taten Jesu miteinander. Dies lassen bereits die einzelnen Zeugnisse jener Schriftensammlung erahnen, die in einem langen Entwicklungsprozess entstanden ist und die schließlich als das ‚Neue Testament' bezeichnet wurde.

Angemessen zu verstehen sind diese Entwicklungen jedoch nur, wenn auch jene Schriften betrachtet werden, die nicht in das Neue Testament aufgenommen wurden. Im besonderen Maße gilt dies für das Thomasevangelium. Die skizzierten Züge des Johannesevangeliums wirken nämlich wie unmittelbare Gegensätze zu jenen Deutungen der Botschaft Jesu, die das Thomasevangelium überliefert.

> *Leit-These 2.8:* Das Jesus-Bild des Johannesevangeliums kann als unmittelbarer Gegensatz zum Jesus-Bild des Thomasevangeliums gedeutet werden.

Aus diesem Grund soll bereits vorausgreifend eine These angedeutet werden, die in den folgenden Ausführungen in verschiedenen Zusammenhängen erläutert wird: Das Johannesevangelium kann als ein Gegenentwurf zum Thomasevangelium verstanden werden[23]. Einerseits stellt es Thomas als einen Schüler Jesu dar, der seinen Lehrer zunächst nicht verstanden haben soll. Andererseits stilisiert es einen anderen Schüler Jesu zum Vorbild einer vermeintlichen Rechtgläubigkeit, der in den übrigen biblischen Evangelien mit keinem Wort erwähnt wird, nämlich jenen Schüler, den ‚Jesus geliebt haben' soll (Joh 13,23; 19,26f.; 20,2-10; 21,7)[24]. Diese oft unpräzise als ‚Lieblingsjünger' bezeichnete Gestalt wird schließlich sogar als Verfasser des Evangeliums bezeich-

---

23 Zum Verhältnis zwischen dem Thomasevangelium und dem Johannesevangelium und den Möglichkeiten ihrer Vermittlung vgl. E. E. Popkes, Wiederbelebungen, passim.

24 Die Frage einer Identifikation dieser Gestalt wurde bereits im frühen Christentum diskutiert und sie zieht bis in die Gegenwart hinein die Aufmerksamkeit exegetischer Diskurse auf sich. Zur Skizze der Forschungsgeschichte und konträrer Deutungsansätze vgl. R. Bauckham, Disciple, 73-92; I. Dunderberg, Disciple, 116-148; J. Charlesworth, Disciple, passim; M. Hengel, Frage, 210-218 etc.

net (Joh 21,21-25)[25]. Hinter diesen literarischen Inszenierungen verbirgt sich eine Kontroverse, welche die Entwicklung des frühen Christentums geprägt hat. Zuweilen sind die Parallelen bzw. Kontrastparallelen derartig markant, dass man den Eindruck gewinnen kann, dass diese Werke sukzessive „in einem Zusammenhang entstanden sind, der nicht nur intellektueller, literar- und traditionsgeschichtlicher, sondern auch realer und sozialer Natur war."[26] Auch wenn strittig ist, in welchem Ausmaß es sich hierbei um literarische Fiktionen handelt (ausführlich hierzu vgl. Arbeitsschritt 2.9: Das Thomasevangelium, das Johannesevangelium und die Frage nach dem ‚historischen Jesus': eine Problemanzeige), kann ein Sachverhalt festgehalten werden: Thomas ist das Sinnbild für eine frühchristliche Bewegung, die aus der Sicht des Verfassers des Johannesevangeliums illegitim ist. Religionshistorisch betrachtet bezeugt das Thomasevangelium eine Religiosität, welche die Worte und Taten Jesu nicht vor dem Hintergrund der jüdischen Bibel deutet. Es ist vielmehr das wohl älteste Zeugnis eines platonischen Christentums – und es stellt Jesus als den Begründer dieser Bewegung dar.

---

25 Das Verständnis von Joh 21,24f. ist von zentraler Bedeutung für eine religionshistorische und diskursanalytische Verortung des vierten Evangelisten. Die Texteinheit Joh 21,20-25 beinhaltet die These, dass der sogenannte Lieblingsjünger der Verfasser des Johannesevangeliums war. Sein Werk musste jedoch von anderen Personen herausgegeben werden, da er bereits verstorben war. Diese nicht näher identifizierten Personen bezeugen wiederum die Glaubwürdigkeit jenes Lieblingsjüngers, der ein Augenzeuge Jesu gewesen sein soll (vgl. Joh 21,24). Dies ist die Struktur der Legitimation des Johannesevangeliums, wenn Joh 21,1-25 als sekundäre Texteinheit interpretiert wird. Wenn man Joh 21,20-25 jedoch zum Grundbestand des Johannesevangeliums hinzuzählt, ergibt sich ein anderes Bild: In diesem Fall wäre die Bezeugung der Glaubwürdigkeit als Augenzeuge ein Teil der Selbstinszenierung des vermeintlichen Verfassers. Zu den Konsequenzen einer solchen Zusammenschau von Joh 1-20 und Joh 21 vgl. u.a. H. Thyen, Johannesevangelium, 769ff.

26 So das Fazit von S. Witetscheck, Johannes, 508, der jedoch zugleich als ein „insgesamt ... ziemlich ernüchterndes Ergebnis" resümiert, dass aufgrund ihrer literarisch völlig divergenten Gestaltungen „eine Aussage über das ‚Thomasevangelium' und sein Verhältnis zum Johannesevangelium eigentlich gar nicht möglich ist." (op. cit., 506).

Leit-These 2.9: Im Thomasevangelium wird die Gestalt und Botschaft Jesu nicht im Rahmen biblischer Traditionen interpretiert, sondern im Rahmen des Platonismus.

2.7 ‚Jesus trifft Platon auf dem Weg zur Gnosis': zur religionshistorischen Verortung des Thomasevangeliums

Seit das Thomasevangelium wiedergefunden wurde, wird eine Frage kontrovers diskutiert: Wie kann eine solche Deutung der Gestalt und der Botschaft Jesu religionshistorisch verortet werden? Das zentrale Problem kann mit einem Bild veranschaulicht werden: ‚Jesus trifft Platon auf dem Weg zur Gnosis.' In diesem Bild werden zwei Einschätzungen miteinander in Beziehung gesetzt, die in bisherigen Interpretationen des Thomasevangeliums in unterschiedlichen Variationen formuliert wurden[27]. Es veranschaulicht zugleich die Komplexität der Begegnungen von Platonismus und frühem Christentum. Die Aussageintention des Bildes kann folgendermaßen erläutert werden: Unstrittig ist, dass die Gestalt und die Botschaft Jesu im Thomasevangelium nicht im Rahmen biblischer Traditionen gedeutet werden. Ebenso ist unstrittig, dass viele Jesus-Worte des Thomasevangeliums eine Nähe zu platonischen Vorstellungen aufweisen (vgl. die Ausführungen zur Urbild/Abbild-Metaphorik, zu den Aussagen über die Unsterblichkeit und Präexistenz der Seele, zur Seelenwanderung

---

[27] Der erste Teilaspekt des Bildes wird signifikant in einem Diskussionsbeitrag von S. J. Patterson, Plato, 205 formuliert, der unter dem programmatischen Titel "Jesus meets Plato" in Bezug auf die platonischen Motive des Thomasevangeliums zu folgendem Resümee gelangt: „What is clear, however, is that the GThom works with one of the dominant religious and philosophical schools of its days, Middle Platonism. In this sense, it stands near the beginning of what would become a long tradition of Platonic Christian theology, and is probably our earliest exemplar of such effort." Den zweiten Teilaspekt des Bildes formulieren J. Schröter/H.-G. Bethge, Evangelium nach Thomas, 163 mit der These, dass einzelne Jesus-Worte des Thomasevangeliums eine „Jesusüberlieferung auf dem Weg zur Gnosis" zu erkennen geben. Zur Skizze platonischer Motive im Thomasevangelium vgl. ferner H. M. Jackson, Lion, passim; I. Miroshnikov, Plato, passim.

etc.). Unstrittig ist wiederum, dass es in der antik-mediterranen Religionsgeschichte eine Bewegung gab, die sich sowohl auf platonische als auch auf biblische Vorstellung berufen hat und die mit dem (überaus problematischen) Begriff ‚Gnosis'[28] bezeichnet wurde. Führende Vertreter des Platonismus haben jedoch wiederum eindringlich hervorgehoben, dass gnostische Gemeinschaften sich zu Unrecht auf Platon berufen. Wenn also das plastische Bild verwendet wird, dass ‚Jesus Platon auf dem Weg zur Gnosis trifft', dann wird damit die Aufgabe veranschaulicht, dass bei jedem einzelnen Jesus-Wort des Thomasevangeliums geprüft werden muss, wie nahe es platonischen und wie nahe es gnostischen Vorstellungen steht[29].

Letzteres hängt davon ab, mit welchen Bezugstexten die Jesus-Worte des Thomasevangeliums in Beziehung gesetzt werden. Werden sie vor dem Hintergrund platonischer Vorstellungen interpretiert, so können dieselben als frühe Ansätze eines christlich-platonischen Dialogs verstanden werden (vgl. die Erläuterungen zu EvThom 7; 19; 42; 49; 83; 84; 108 etc.). Werden hingegen gnostische Konzeptionen als Vergleichsgrößen gewählt, so ergeben sich gnostische Deutungen[30].

Dies kann eindrücklich an jener koptischen Übersetzung des Thomasevangeliums erläutert werden, die im Rahmen der Nag-Hammadi-Schriften gefunden wurde. Diese Fassung des Textes ist ein Teilaspekt des zweiten Kodex. Sie ist von weiteren Texten umgeben, die deutliche Merkmale eines gnostischen Weltbildes

---

[28] Zur Problematik des Begriffes ‚Gnosis' vgl. M. Williams, Gnosticism, 29-54 bzw. 263f.; K. L. King, Gnosticism, 235f.

[29] Für eine allgemeinverständliche Einführung in die inhaltlichen Bestimmungen und Abgrenzungen platonischer und gnostischer Vorstellungen verweise ich auf meine Vorarbeiten in E. E. Popkes, Platonisches Christentum, Kapitel 2.4: Die sogenannte ‚Gnosis': Nebenwege der Begegnungen von Platonismus und frühem Christentum.

[30] Entsprechend erkennen G. Theissen/A. Merz, Jesus, 54 zuweilen eine „Gnosis in statu nascendi". Zur Skizze entsprechender Debatten zuletzt S. Gathercole, Thomas, 168ff.

aufweisen[31]. Im besonderen Maße gilt dies für das sogenannte ‚Johannesapokryphon' und für das Philippusevangelium, die unmittelbar vor und hinter dem Thomasevangelium angeordnet sind. Dies kann als Indiz gewertet werden, wie diejenigen Personen das Thomasevangelium gedeutet haben, die diesen Kodex gestalteten. Welche Ausrichtung frühere Entwicklungsstadien des Thomasevangeliums hatten, kann auf diese Weise jedoch nicht erläutert werden[32]. Welche Interpretation der Gestalt und Botschaft Jesu hingegen zutage tritt, wenn die Jesus-Worte des Thomasevangeliums vor dem Hintergrund der Theologie Platons gedeutet werden, soll in den folgenden Kapiteln und im vierten Band der Reihe ‚Platonisches Christentum' dargelegt werden.

2.8 Quellen und Hintergründe der platonischen Deutung der Gestalt und der Botschaft Jesu im Thomasevangelium

Die platonischen Motive des Thomasevangeliums werfen eine Frage auf, die auch in Bezug auf viele weitere Zeugnisse des frühen Christentums gestellt werden kann: Welche Quellen und Vermittlungswege standen dem (bzw. den) Verfasser(n) dieses Werkes diesbezüglich zur Verfügung? Obwohl diese Frage von hoher Relevanz ist, kann sie nicht präzise beantwortet werden. Dies hat folgende Ursache: Keines der Jesus-Worte des Thomasevangeliums bietet ein explizites Zitat aus dem *Corpus Platonicum* oder erwähnt gar den Namen Platon. Auch Bezüge zu zeitgenössischen platonisch-mittelplatonischen Schuldiskussionen lassen sich nicht erkennen. Dieser Sachverhalt ist jedoch für sich genommen nicht außergewöhnlich. Er entspricht vielen weiteren Zeugnis-

---

31 Zu einer allgemeinverständlichen Beschreibung wesentlicher Merkmale eines gnostischen Weltbildes vgl. C. Markschies, Gnosis, 24f.

32 Diesbezüglich nehme ich auch eine Korrektur an meinen früheren Studien zum Thomasevangelium vor, in denen ich die Leitlinien einer Interpretation, die sich aufgrund der Gestaltung des zweiten Nag-Hammadi-Kodex entwickeln lässt, auch auf potentielle frühere Entwicklungsstadien des Thomasevangeliums übertragen habe (vgl. u.a. E. E. Popkes, Menschenbild, passim).

sen, die unter anderem durch die Nag-Hammadi-Kodizes zugänglich wurden. Obwohl letztere zuweilen frappierende Analogien zu platonischen Motiven aufweisen, werden diese nicht als solche benannt. Zuweilen bleibt unsicher, ob die platonischen Hintergründe überhaupt bekannt waren. Eindrücklich zeigt sich dies an dem Traktat NHC VI,5, in welchem eine Passage aus Plato, Politeia 588a–589b übersetzt wurde. Die Übersetzung ist jedoch nicht nur – um es wohlwollend zu umschreiben – sprachlich sehr verbesserungswürdig, sondern sie dokumentiert auch, dass die dafür verantwortliche Person offensichtlich nicht wusste, dass es sich um einen Platon-Text handelte[33].

Vor dem Hintergrund derartiger Phänomene wurde verschiedentlich erwogen, ob die Jesus-Worte des Thomasevangeliums einen sogenannten ‚Vulgär-Platonismus' widerspiegeln, also eine nur vage Kenntnis platonischer Denkansätze, ohne die Texte Platons oder deren Interpretationen selbst wahrgenommen zu haben[34]. Ebenso wurde vielfach spekuliert, über welche Zwischeninstanzen eine solche indirekte Vermittlung stattgefunden haben könnte. Es wurde verwiesen auf jüdisch-hellenistische Vorentwicklungen, wie sie z.B. bei dem mittelplatonischen Tora-Exegeten Philon von Alexandrien zu beobachten sind, auf platonische Denkansätze, die in den Schriften des sogenannten ‚Hermetismus' als Offenbarungen der mythischen Gestalt des Hermes Trismegistos dargestellt werden, auf Sammlungen von Spruch-Weisheiten wie den

---

[33] Diesbezüglich sei nochmals die ebenso süffisante wie anschauliche Einschätzung von H.-M. Schenke, Platon, 356 rekapituliert: „Was man noch wissen möchte, ist vor allem, wann und wie auf diesem Wege eigentlich in Vergessenheit geriet, daß es sich um einen Platon-Text handelt. Wenn man nun nach der ‚natürlichsten' Antwort auf diese Frage sucht, kann man leicht auf den Gedanken kommen, daß es nach dem ersten Mißgeschick einfach noch ein zweites gab: Erst wäre in der Schule einer an einer Platon-Übersetzung gescheitert, und den ausrangierten Übungspapyrus hätte dann ein anderer entdeckt und darin eine ‚Offenbarung' gesehen."

[34] Zum Begriff vgl. H. Dörrie, Platonismus, 46f. und die entsprechenden Erläuterungen in E. E. Popkes, Platonisches Christentum, Exkurs 1: Das Phänomen ‚Vulgärplatonismus'.

sogenannnten ‚Pythagoreer'- oder ‚Sextus-Sprüchen' etc.[35] Derartige Vermittlungswege sind möglich, aber sie bleiben auf der Grundlage der überlieferten Zeugnisse lediglich mehr oder weniger plausible Spekulationen.

Auch wenn die Quellen der platonischen Denkkategorien des Thomasevangeliums unklar bleiben, kann ein Sachverhalt festgehalten werden: Die platonischen Deutungen der Gestalt und Botschaft Jesu werden den Vorgaben platonischen Denkens inhaltlich-sachlich oftmals gerecht. Damit dokumentieren sie einerseits wie viele weitere Zeugnisse der antik-mediterranen Geistesgeschichte die weite Verbreitung platonischer Welt- und Menschenbilder. Andererseits können sie als innovative Elemente in der Geschichte des Platonismus verstanden werden: Das Thomasevangelium stilisiert Jesus zum Begründer eines platonischen Christentums.

Leit-These 2.10: Das Thomasevangelium verkörpert einen neuen Ansatz in der Geschichte des Platonismus und des frühen Christentums, der als platonisches Christentum bezeichnet werden kann.

2.9 Das Thomasevangelium, das Johannesevangelium und die Frage nach dem ‚historischen Jesus': eine Problemanzeige

Die vorhergehenden Erläuterungen führen zu einer Frage, die wesentlich schwerer zu beantworten ist, als es auf den ersten Blick erscheint: Hat das Thomasevangelium eine Relevanz für die Frage nach dem sogenannten ‚historischen Jesus'? In vielen Diskursbeiträgen wird dies grundsätzlich verneint. Nicht zuletzt wegen die-

---

35 Zur Skizze entsprechender Vermutungen vgl. J. M. Robinson, LOGOI, 77-96; I. Miroshnikov, Plato, 25-44; S. Gathercole, Thomas, 168-175; W. Eisele, Sextus-Sprüche, passim; A. DeConick, Thomas, passim; E. Pagels, Gospel, passim. Treffend resümiert S. J. Patterson, Plato, 183: „ ... what holds all these spheres of thought together – Gnosis (so-called), Philo, Hermeticism, Tatian – is their common interest in Plato."

ser Frage zieht jedoch das Thomasevangelium eine hohe Aufmerksamkeit auf sich, die weit über die Grenzen von Wissenschaft und Kirche hinausreicht. Deshalb soll in diesem Arbeitsschritt ein Diskursfeld eröffnet werden, welches auch in weiteren Beiträgen der Reihe ‚Platonisches Christentum' kontinuierlich entfaltet wird. Eine zentrale Einsicht einer historisch-kritischen Sicht auf die Geschichte des frühen Christentums besteht darin, dass zwischen den unterschiedlichen Deutungen und Erzählungen, die in Bezug auf den frühjüdischen Wanderprediger Jesus von Nazareth überliefert wurden, und der historischen Gestalt, die hinter diesen Erzählungen steht, unterschieden werden muss. Inwieweit der sogenannte ‚historische Jesus' oder ‚erinnerte Jesus' überhaupt noch greifbar ist, ist im hohen Maße umstritten[36]. Diese Streitigkeiten beziehen sich bereits auf jene Traditionen, die im Rahmen der neutestamentlichen Schriften überliefert werden. Eine Einbeziehung des Thomasevangeliums potenziert die strittigen Fragen nochmals erheblich, weil es – wie zuvor skizziert wurde – ein vollkommen anderes Jesus-Bild darlegt, als dies bei den synoptischen und johanneischen Traditionen der Fall ist[37]. Seit der Wiederentdeckung des Thomasevangeliums wird debattiert, in welcher Weise es für die Frage nach dem historischen Jesus von Relevanz ist. Viele Diskursansätze beziehen sich dabei auf jene Traditionen, welche das Thomasevangelium mit den synoptischen Evangelien verbinden, also z.B. gemeinsame Traditionen

---

36 Zu Einblicken in die ebenso lange wie überaus kontroverse Forschungsgeschichte sei auf die Literaturangaben in Fußnote 20 zurückverwiesen. In Bezug auf die Stellung des Thomasevangeliums in diesen Diskursen formuliert S. J. Patterson, Way, 132: „Thomas has become an ideological flashpoint in the search for Christian origins."
37 Zur Skizze der Forschungsdebatten zuletzt S. J. Patterson, Historical Jesus, 233-249. Entsprechend konstatiert J. Schröter, Thomas, 506 in Bezug auf die religionsgeschichtliche Einordnung des Thomasevangeliums: „Die Einzigartigkeit des Thomasevangeliums innerhalb des Spektrums der frühchristlichen Literatur besteht ... darin, daß hier alte, mitunter bis zu Jesus selbst zurückreichende Traditionen aufgegriffen und durch die Zusammenstellung mit jüngeren Worten auf neue Weise interpretiert werden."

zu Gleichnissen, Seligpreisungen, einzelne Motivtraditionen etc. Weniger Aufmerksamkeit wurde hingegen der Frage gewidmet, welche Bedeutung jenen Parallelen zugestanden werden kann, die das Thomasevangelium mit dem Johannesevangelium verbinden. Auch in Bezug auf das Johannesevangelium ist bereits für sich genommen in hohem Maße umstritten, ob es für die Frage nach dem historischen Jesus überhaupt von Relevanz ist. Gleichwohl kann ein Sachverhalt nicht abgestritten werden, der auf der Textebene des Thomasevangeliums und des Johannesevangeliums unstrittig ist. Im Gegensatz zu den synoptischen Evangelien nehmen beide Werke für sich in Anspruch, auf Augenzeugen Jesu zurückzugehen, nämlich auf Thomas und den sogenannten ‚Lieblingsjünger' (vgl. die Ausführungen in Arbeitsschritt 2.6). Dies führt konsequent zu einer Folgefrage: Was ist der Anlass für diesen Selbstanspruch?

Leit-These 2.11: Die Entwicklungen, die durch den frühjüdischen Wanderprediger Jesus von Nazareth inspiriert wurden, können nicht unabhängig von dem Thomasevangelium und dem Johannesevangelium verstanden werden.

Mit der literarischen Stilisierung des sogenannten ‚Lieblingsjüngers' dokumentiert das Johannesevangelium ein Phänomen, das sich in außerkanonischen Schriften des frühen Christentums oftmals beobachten lässt: Die Legitimität der jeweils vertretenen Ansichten wird dadurch begründet, dass sie auf einen vermeintlichen Augenzeugen Jesu zurückgehen soll. In den meisten Fällen können diese Versuche ohne Zweifel als literarische Fiktionen verstanden werden. In Bezug auf das Johannesevangelium und das Thomasevangelium müssen die Anlässe der jeweils postulierten Augenzeugenschaft jedoch genauer betrachtet werden. So stellt sich z.B. die Frage, warum die Verfasser dieser Werke Jesus-Bilder gestalten, die zuweilen unmittelbare Kontrastparallelen bilden? Warum entfernen sie sich dabei – wenn sie an den synoptischen

Traditionen gemessen werden – jeweils so weit von der historischen Gestalt des Wanderpredigers aus Galiläa? Warum fehlen im Thomasevangelium alle jene biblischen Rahmungen einer Deutung der Gestalt und der Botschaft Jesu, welche das Johannesevangelium mit den synoptischen Evangelien verbindet? Steht der Name ‚Thomas' stellvertretend für einen Zweig des frühen Christentums, der die Gestalt und Botschaft Jesu aus ihren frühjüdischen Denkkategorien löste und in einen platonischen Deutungsrahmen einordnete? Warum macht der (oder machen die) Verfasser dieses Werkes sich die Mühe, Jesus zum Begründer eines platonischen Christentums zu stilisieren, wenn ein platonisches Welt- und Menschenbild auch völlig unabhängig von jener Gestalt vermittelt werden kann? Im Gegensatz zum frühen Christentum waren platonische Vorstellungen und Schulen zu dieser Zeit bereits weit verbreitet.

Derartige Fragen münden wiederum in Variationen jener Frage, mit welcher dieser Arbeitsschritt eingeleitet wurde: Hat das Jesus-Bild des Thomasevangeliums zumindest indirekt einen Anhaltspunkt an der Gestalt und der Botschaft des frühjüdischen Wanderpredigers Jesus von Nazareth? Gab es Ansätze seiner Botschaft, die einen Schüler wie Thomas zu einer platonischen Deutung inspiriert haben könnten? Dieser Frage soll unter anderem im vierten Band der Reihe ‚Platonisches Christentum' nachgegangen werden, in welchem jene Diskurse genauer betrachtet werden, die sich in den Kontrastparallelen des Thomasevangeliums und des Johannesevangeliums widerspiegeln.

2.10 Verborgene Mosaike: zur Struktur und Übersetzung des Thomasevangeliums

Die folgenden Übersetzungen und Interpretationen orientieren sich oftmals nicht an der Reihenfolge, in der die einzelnen Jesus-Worte in den überlieferten Zeugnissen des Thomasevangeliums angeordnet sind. Dieses Vorgehen hat folgenden Hintergrund:

Zuvor wurde erläutert, warum das Thomasevangelium – negativ formuliert – zuweilen wie ein ungeordneter Zettelkasten wirkt. Es kann jedoch auch – positiv formuliert – wie eine Sammlung einzelner Steine eines Mosaiks verstanden werden. Die Aufgabe besteht darin, die einzelnen Steine zu sinnvollen Bildern zusammenzuführen. Diese können als ‚verborgene Mosaike' bezeichnet werden, da die Jesus-Worte in ihrer vorliegenden Anordnung oftmals thematisch nicht zueinander passen. Ordnet man sie jedoch im Sinne einzelner Themenfelder, so lassen sich Zusammenhänge erkennen, die in sich stimmig sind. Die folgende Interpretation des Thomasevangeliums stellt eine mögliche Gestaltung solcher verborgenen Mosaike zur Diskussion. Dabei werden vor allem jene Texteinheiten übersetzt und interpretiert, aus denen sich ein in sich stimmiges Gesamtbild einer theologischen Deutung der Gestalt und der Botschaft Jesu bilden lässt.

Vor der Skizze des Interpretationsansatzes muss jedoch ein weiteres methodisches Problemfeld vergegenwärtigt werden, nämlich Probleme einer Übersetzung des Thomasevangeliums. Ein erstes Problem beginnt bereits bei der Frage, auf welche Fassung des Werkes Bezug genommen wird. Untersuchungen der Materialien und sprachgeschichtliche Indizien sprechen dafür, dass die koptische Übersetzung und die griechischen Fragmente relativ jung sind[38]. Eine zentrale Frage der exegetischen Diskussionen besteht darin, inwiefern sich auf der Basis dieser verhältnismäßig jungen Zeugnisse frühere Textstadien rekonstruieren lassen. Die koptische Übersetzung lässt zudem zuweilen grammatikalische Fehler erkennen, die den Sinn des jeweiligen Jesus-Wortes verschleiern. In einigen Fällen können dieselben durch Einbeziehung der griechischen Fragmente aufgelöst werden. Zuweilen kann jedoch nur

---

38 Während die Textfassung NHC II,2 wohl in der ersten Hälfte des vierten Jahrhunderts entstanden ist (vgl. S. Emmel, Witnesses, 33-49), sind die griechischen Fragmente P.Oxy. 1; P.Oxy. 654; P.Oxy. 655 zwischen dem späten zweiten Jahrhundert und der Mitte des dritten Jahrhunderts zu datieren (vgl. L. Hurtado, Greek Fragments, 19-32; S. Gathercole, Thomas, 3ff.; J. Schröter, Thomas, 488f.).

2. Einleitende Informationen

spekuliert werden, was der Verfasser des Jesus-Wortes ursprünglich aussagen wollte. Entsprechend muss bei jedem einzelnen Jesus-Wort erläutert werden, auf welche Textgrundlage die Übersetzungen und Interpretationen sich beziehen.

Dies kann exemplarisch an einem Problem erläutert werden, für das auch für die folgenden Übersetzungen eine Grundsatzentscheidung getroffen werden musste. Die einzelnen Jesus-Worte werden zumeist mit einer stereotypen Formel eingeleitet. Auf der koptischen Sprachebene ist strittig, ob diese Formel als eine Aussage der Gegenwart („Jesus sagt: ... ") oder der Vergangenheit („Jesus sagte: ... ") wiedergegeben werden soll. In den älteren griechischen Fragmenten wird jedoch nur die präsentische Form benutzt. In diesem Sinn kann die griechische Textform als Leitlinie einer Interpretation der koptischen Übersetzung verstanden werden[39]. Es müsste jedoch bei jedem einzelnen Jesus-Wort erläutert werden, wie eine Modifikation des koptischen Textes begründet wird. Diese Erläuterungen können im Rahmen der vorliegenden Studie nicht vorgenommen werden. Diesbezüglich verweise ich vielmehr wiederum auf meine im Literaturverzeichnis angegebenen Vorarbeiten.

Vor dem Hintergrund dieser einleitenden Informationen kann nun erläutert werden, in welcher Weise Jesus im Thomasevangelium als Begründer eines platonischen Christentums dargestellt wird.

---

[39] Aus diesem Grund wird die stereotype Einleitungsformel in den folgenden Übersetzungen auch zumeist präsentisch wiedergegeben. Ausnahmen von dieser Prämisse werden explizit benannt (vgl. u.a. die Ausführungen zu EvThom 12/13).

3. „Wenn ihr euch erkennt ..." – Offenbarung durch Selbsterkenntnis

Bereits der Prolog und die ersten fünf Jesus-Worte benennen Motive, welche für ein Verständnis des Thomasevangeliums von zentraler Bedeutung sind[40]. Vorausgreifend können dieselben folgendermaßen umschrieben werden:

a) Es gibt eine verborgene Botschaft Jesu.
b) Thomas überliefert durch sein Evangelium verborgene Worte Jesu, welche einen Zugang zu jener verborgenen Botschaft ermöglichen.
c) Die Leserinnen und Leser des Thomasevangeliums sollen in den verborgenen Worten Jesu die verborgene Botschaft Jesu suchen und finden.
d) Die Suchenden sollen sich nicht durch vertraute Instanzen oder Denkschemata irritieren lassen, sondern sich auf neue Wege der Erkenntnis einlassen.
e) Wenn sie sich selbst erkennen, erfahren sie eine Offenbarung und eine ‚Eins-Werdung'.
f) Wer die Deutung der verborgenen Botschaft Jesu findet, wird über das All herrschen, den Tod ‚nicht schmecken' und die Ruhe der Vollendung finden.

An diesen Motiven lässt sich erläutern, warum die einzelnen Jesus-Worte des Thomasevangeliums zu verschiedenen Mosaiken zusammengefügt werden können. Jedem Motiv müssen nämlich unterschiedliche Jesus-Worte zugeordnet werden, um sie inhaltlich zu entfalten. Welche Reihenfolge der Lektüre gewählt wird, ist strenggenommen nicht von Relevanz. Jeder Weg führt zu dem

---

40 Entsprechend konstatiert J. Schröter, Thomas, 505 in Bezug auf die Funktion der Einleitung des Thomasevangeliums: „Aufgrund des programmatischen Charakters dieser Einleitung bietet es sich an, die Konzeption der Schrift von hierher aufzuschlüsseln."

gleichen Ziel.
Bereits die ersten Worte des Thomasevangeliums konfrontieren seine Leserinnen und Leser mit einer provokanten These: Es soll eine Botschaft Jesu gegeben haben, die er nicht öffentlich mitteilte und die nicht unmittelbar verständlich ist.

> *Prolog*
> Dies sind die verborgenen Worte,
> die der lebendige Jesus sagte.
> Didymos Judas Thomas schrieb sie auf.

Die einleitende Aussage ist für sich genommen keine Besonderheit des Thomasevangeliums. Auch in biblischen Evangelien finden sich Hinweise auf eine solche Botschaft Jesu (dies gilt in besonderem Maße für das in Mk 4,10-12 angedeutete Mysterium des Reiches Gottes). Im Thomasevangelium wird jedoch einerseits hervorgehoben, wem Jesus geheime Worte anvertraut haben soll, nämlich Thomas. Andererseits werden die Leserinnen und Leser in einer analogielosen Weise herausgefordert: Sie selbst sollen die Deutung jener geheimen Botschaft finden. Und wem dies gelingt, der werde ‚den Tod nicht schmecken.'[41] Mit anderen Worten: Die geheimen Worte Jesu vermitteln einen Zugang zur Erkenntnis der Unsterblichkeit der eigenen Seele[42].

---

41 Dieses Motiv, das in verschiedenen Zusammenhängen wiederholt wird (vgl. die Ausführungen zu EvThom 18/19), wird zum Abschluss des Werkes leicht modifiziert (EvThom 111,2: ‚Und wer lebt aus dem Lebendigen, wird den Tod nicht sehen.'). In der Gesamtschau dieser Texte umschreibt die Wendung ‚den Tod nicht schmecken' nicht weniger als „the Promise of Everlasting Life" (so treffend A. Gagné, Thomas, 29).

42 Auf diese Weise vermittelt die Deutung der Gestalt und der Botschaft Jesu, die das Thomasevangelium überliefert, eine These, die von S. J. Patterson, Way, 154 in folgende Worte gefasst wird: „One day everyone in Christendom would come to believe in Plato's immortal soul and look forward to the heavenly journey home. But in the first century, to find this familiar belief one must look to a very unfamiliar gospel, the Gospel of Thomas."

3. „Wenn ihr euch erkennt ..." – Offenbarung durch Selbsterkenntnis

EvThom 1
Und er sagt:
„Wer die Deutung dieser Worte findet,
wird den Tod nicht schmecken."

Der bereits im ersten Jesus-Wort formulierte Appell wird im zweiten Jesus-Wort programmatisch entfaltet. EvThom 2 bietet eine rhetorisch kunstvoll gestaltete These, für die es lediglich in Ansätzen Analogien in neutestamentlichen Zeugnissen gibt (vgl. Mt 7,7f.; Lk 11,9f.; 1 Kor 4,8f.; 2 Tim 2,10-13). In Form einer *gradatio* („Kettenspruch") werden die Leserinnen und Leser zu einer kontinuierlichen Suche nach jener Deutung aufgefordert.

EvThom 2
(1) Jesus sagt:
„Wer sucht, soll nicht aufhören zu suchen,
bis er findet.
(2) Und wenn er findet,
wird er erstaunt sein.
(3) Und wenn er erstaunt ist,
wird er anfangen zu herrschen.
(4) Und wenn er geherrscht hat,
wird er die Ruhe finden."[43]

Mit EvThom 2 werden die Leserinnen und Leser nicht nur zu jener Suche ermutigt. Es wird auch benannt, was ihnen dadurch widerfahren kann: Wenn sie jene Deutung finden, werden sie verwundert und erschüttert sein. Daraus entsteht eine neue Erkenntnis,

---

43 Diese Textform entspricht den griechischen Fragmenten (P.Oxy. 654,5-9) und Traditionen, die der ägyptische Theologe Clemens von Alexandrien überliefert (Strom. II 45,5; V 96,3). Die koptische Übersetzung bietet zu EvThom 2,4 den Text: „Und er wird König sein über das All." Bemerkenswerterweise zitiert Clemens von Alexandrien diese Tradition mehrfach und setzt sie mit dem Hebräerevangelium in Beziehung (vgl. H.-G. Bethge, Evangelium Thomae Copticum, 519; D. Lührmann/E. Schlarb, Fragmente, 48; S. Gathercole, Thomas, 198f.).

die ihnen eine herrschaftliche Macht vermittelt. Das Ziel jener Entwicklung besteht darin, dass sie ‚Ruhe' finden. Die sogenannte ‚Ruhe' ist ein zentrales Motiv des Thomasevangeliums, welches in vielen Jesus-Worten angesprochen wird (EvThom 50; 51; 60; 90 etc.). Es umschreibt die Vollendung der menschlichen Existenz[44]. Nachdem das zweite Jesus-Wort die Leserinnen und Leser des Thomasevangeliums zu jener Suche ermutigt hat, wird im dritten Jesus-Wort hervorgehoben, wodurch sie sich auf ihrer Suche nicht irritieren lassen dürfen. Mit EvThom 3 werden zum ersten Mal Personen erwähnt, die nicht unmittelbar durch das Jesus-Wort angesprochen werden.

EvThom 3
(1) Jesus sagt:
  „Wenn jene, die euch ziehen[45], zu euch sagen:
    ‚Siehe, das Königreich ist im Himmel',
  werden euch die Vögel des Himmels zuvorkommen.
(2) Wenn sie euch sagen:
    ‚Es ist im Meer',
  werden euch die Fische zuvorkommen.
(3) Aber das Königreich ist innerhalb von euch
  und außerhalb von euch.
(4) Wenn ihr euch erkennt,
  dann werdet ihr erkannt werden;
  und ihr werdet erkennen,

---

44 Zur Kontrastierung der Begriffe ‚Ruhe' und ‚Bewegung' in platonischen Traditionen und ihren Affinitäten zu den Traditionen des Thomasevangeliums vgl. S. J. Patterson, Plato, 200-204.

45 An der Frage, wie die Wendung οἱ ἕλκοντες (P.Oxy. 654,10) angemessen zu deuten ist, konnten sich intensive Kontroversen entzünden, insbesondere in Bezug auf die Frage, inwieweit hiermit bereits etablierte kirchliche Strukturen angesprochen werden sollen. Ausführlich hierzu vgl. W. Eisele, Ziehen, 380-415, der aufgrund sprachgeschichtlicher Analysen zu folgendem Resümee gelangt: „Es handelt sich hier um ein Ziehen mit Worten, das mit Überzeugungsarbeit und Lehrtätigkeit verbunden ist. Das ἕλκειν ist mithin dem πείθειν und διδάσκειν in diesen Zusammenhängen eng verwandt." (op. cit., 415).

dass ihr die Kinder des
lebendigen Vaters seid.
(5) Wenn ihr euch aber nicht erkennt,
lebt ihr in Armut und seid die Armut."

Die einleitenden Worte des dritten Jesus-Wortes umschreiben offensichtlich Kontroversen, die sich im frühen Christentum vielfach ausgebildet haben. Die Leserinnen und Leser des Thomasevangeliums sollen sich bei ihrer Suche jedoch nicht von jenen vermeintlichen Autoritäten behindern lassen, die für sich in Anspruch nehmen, angemessene Deutungen des ‚Königreichs' zu propagieren. Sie sollen vielmehr erkennen, dass ihnen jenes ‚Königreich' überall zugänglich ist, auch unabhängig von etablierten Strukturen und Deutungsansprüchen. Vergleichbare Motive werden auch in einem späteren Zusammenhang weiter entfaltet, und zwar speziell in der Kontrastierung von dem sogenannten ‚Herrenbruder' Jakobus, einigen vermeintlich rechtgläubigen Schülern Jesu und Thomas (vgl. die nachfolgenden Erläuterungen zu EvThom 12/13).

In EvThom 3 wird jedoch zunächst wiederum das Ziel jener Suche betrachtet. EvThom 3,4-5 ergänzt die bereits in EvThom 1-2 eingeführten Motive durch zwei Aspekte, welche in folgenden Jesus-Worten des Thomasevangeliums weiter ausgestaltet werden. Die Leserinnen und Leser sollen sich selbst erkennen. Sie sollen erkennen, dass sie ‚Kinder des lebendigen Vaters sind.' Auf den ersten Blick weist dieser Motivbestand Analogien zu biblischen Evangelien auf. Auf den zweiten Blick lassen sich jedoch markante Differenzen erkennen. EvThom 3 dokumentiert einen Aspekt, der für nahezu alle weiteren Jesus-Worte des Thomasevangeliums gilt, nämlich die Vermeidung des Begriffes ‚Gott'. Die aus den neutestamentlichen Evangelien bekannten Motivkombinationen wie ‚Königreich Gottes', ‚Gott, der Vater', ‚Jesus, der Sohn Gottes' fehlen im Thomasevangelium fast vollständig. Von ‚Gott' wird lediglich kritisch und abgrenzend gesprochen (vgl. EvThom 30).

3. „Wenn ihr euch erkennt ..." – Offenbarung durch Selbsterkenntnis

Der zentrale Begriff, der an diese Stelle tritt, ist hingegen ‚Vater'. Dies ist wiederum eine Analogie zum Johannesevangelium. Und auch diesbezüglich lässt sich wiederum die Nähe und Distanz zwischen dem Thomasevangelium und dem Johannesevangelium erkennen. Eine zentrale Botschaft der Jesus-Gestalt des Johannesevangeliums besteht darin, dass Menschen zu Kindern Gottes bzw. Kindern des Vaters *werden* sollen (Joh 1,12f.). Die Voraussetzung hierfür ist der Glaube daran, dass Jesus der Sohn Gottes bzw. der Christus sei (Joh 20,30-31). Ein Glaube an Jesus als Christus hat für das Thomasevangelium hingegen keine Relevanz. Der Jesus des Thomasevangeliums fordert vielmehr, dass Menschen sich selbst erkennen, und zwar dass sie bereits ‚Kinder des Vaters' *sind*. Eine Voraussetzung für diese Grundbestimmung ihrer Existenz wird nicht benannt[46].

Zu welcher weiteren Erkenntnis die Leserinnen und Leser auf ihrer Suche kommen können, wird in Ansätzen bereits im unmittelbar folgenden Jesus-Wort angedeutet.

EvThom 4
1) Jesus sagt:
„Ein alter Mensch wird nicht zögern,
ein kleines Kind von sieben Tagen zu fragen
nach dem Ort des Lebens
– und er wird leben.
(2) Denn viele Erste werden Letzte sein
und Letzte Erste[47].
(3) Und sie werden zur Einheit werden."

---

46 Motive der Selbsterkenntnis sind bereits in vorsokratischen Traditionen weit verbreitet und werden in platonisch-mittelplatonischen Konzepten in verschiedenen thematischen Zusammenhängen entfaltet. Zu entsprechenden Bezugstexten des Thomasevangeliums vgl. S. J. Patterson, Plato, 184-186.
47 Der zweite Teil der Aussage von EvThom 4,2 liegt lediglich in den griechischen Fragmenten vor (P.Oxy. 654,21-27).

3. „Wenn ihr euch erkennt ..." – Offenbarung durch Selbsterkenntnis

Das vierte Jesus-Wort lässt einen Sachverhalt erkennen, der in vielen Jesus-Worten des Thomasevangeliums zu beobachten ist. Einerseits begegnen Motive, die aus den neutestamentlichen Evangelien bekannt sind, z.B. die prinzipielle Hochschätzung von Kindern (vgl. EvThom 4,1 mit Mk 9,37; 10,13-16 par.; Mt 18,4f.; 21,15f.) und die These, dass ‚viele Erste Letzte' sein werden (vgl. EvThom 4,2 mit Mk 10,31; Mt 19,30). Andererseits begegnen Aspekte, die aus jenen Zusammenhängen nicht bekannt sind. In EvThom 4,1 liegt ein Motiv vor, das auf den ersten Blick paradox wirkt: Ein alter Mann, also ein eigentlich lebenserfahrener und gebildeter Mensch, lässt sich von einem neugeborenen Säugling belehren, und zwar über den ‚Ort des Lebens'. Diese Paradoxie wandelt sich jedoch, wenn EvThom 4 vor dem Hintergrund vieler weiterer Jesus-Worte des Thomasevangeliums interpretiert wird, welche die Vorstellung einer Seelenwanderung vermitteln (vgl. die nachfolgenden Ausführungen zu EvThom 18; 19; 49; 50; 83; 84 etc.).

Besondere Aufmerksamkeit verdient ferner das Motiv einer ‚Einswerdung', welches in der finalen Aussage von EvThom 4 vorliegt. Im Kontext von EvThom 4 wird dieses Detail nicht genauer erläutert. Es wird jedoch in vielen weiteren Jesus-Worten des Thomasevangeliums entfaltet und so zu einem zentralen Thema des Werkes stilisiert (vgl. die Erläuterungen zu EvThom 13; 16; 22; 49; 75; 108 etc.).

Der Prolog und die ersten vier Jesus-Worte des Thomasevangeliums exponieren somit bereits zentrale Motive, auf welche die Leserinnen und Leser achten sollen. Im Folgenden wird nun die chronologische Reihenfolge der Jesus-Worte verlassen und in Ansätzen angedeutet, welche Bezugstexte jene ersten Angaben entfalten. So stellt z.B. EvThom 92,1 ebenfalls die These in den Raum, dass diejenigen, die sich auf ihrer Suche nach der Deutung der geheimen Botschaft Jesu nicht irritieren lassen, jene Deutung finden werden[48]. Es wird jedoch ein Motiv ergänzt, welches in jenen ersten Jesus-Worten nur indirekt erkennbar war, nämlich eine Botschaft, die Jesus früher nicht mitteilen wollte, jetzt jedoch mitteilen will (EvThom 92,2).

EvThom 92
(1) Jesus sagt:
   „Sucht, und ihr werdet finden.
(2) Aber das, was ihr mich damals gefragt habt,
   was ich euch an jenem Tag nicht gesagt habe,
   will ich euch jetzt sagen,
   und ihr sucht nicht danach."

Die Unterscheidung verschiedener Phasen einer Vermittlung der Botschaft Jesu hat Analogien in verschiedenen Zeugnissen des frühen Christentums. Hierin spiegeln sich Konflikte, in denen darum gerungen wurde, die jeweiligen theologischen Konzepte zu legitimieren. Und auch diesbezüglich lassen sich eine bemerkenswerte Nähe und Distanz zwischen dem Thomasevangelium und dem Johannesevangelium beobachten[49].

Eine Besonderheit des Thomasevangeliums besteht darin, dass es die Botschaft Jesu in einen Deutungsrahmen stellt, der sich grundlegend von vielen weiteren frühchristlichen Konzepten unterscheidet. Bereits in EvThom 3,1-2 wurde hervorgehoben, dass die Leserinnen und Leser sich auf ihrer Suche nach der verborgenen Botschaft Jesu nicht von Personen irritieren lassen dürfen, die für sich eine führende Funktion in Anspruch nehmen. Sie können Deutungsansätze vertreten, welche nicht zum Ziel der Suche führen. Worin solche problematischen Deutungsansätze

---

[48] Auch wenn das Motiv des Suchens dabei eine Analogie zu Mt 7,7-11/Lk 11,11-13 erkennen lässt (so treffend U.-K. Plisch, Thomasevangelium, 220f.), fehlt das für die synoptischen Vergleichstexte zentrale Motiv des ‚Bittens'.

[49] Ausführlich hierzu E. E. Popkes, Wiederbelebungen; Kapitel 5: Konträre Legitimationen einer theologischen Konzeption.

3. „Wenn ihr euch erkennt ..." – Offenbarung durch Selbsterkenntnis

bestehen, wird unter anderem in EvThom 52; 53; 51; 113; 18; 19 angesprochen. Die folgende Betrachtung entspricht also wiederum nicht der Reihenfolge, in welcher die Jesus-Worte in der koptischen Übersetzung des Thomasevangeliums begegnen. Sie ordnet die Jesus-Worte vielmehr inhaltlich-sachlich. Eine zentrale These besteht darin, dass die Suchenden die Botschaft Jesu nicht im Rahmen der prophetischen Verheißungen deuten sollen, die in alttestamentlich-frühjüdischen Traditionen begegnen (EvThom 52).

EvThom 52
(1) Seine Schüler sagten zu ihm:
„Vierundzwanzig Propheten haben in Israel gesprochen,
und alle haben von dir gesprochen."
(2) Er sagte zu ihnen:
„Ihr habt den Lebenden von euch gestoßen,
und begonnen, von den Toten zu sprechen."

Eine solche Abgrenzung von alttestamentlich-frühjüdischen Traditionen unterscheidet das Thomasevangelium grundlegend von nahezu allen Zeugnissen, die in den Kanon des Neuen Testaments aufgenommen wurden. Angesichts dessen verwundert es auch kaum, dass im unmittelbar folgenden Jesus-Wort eine Frage problematisiert wird, welche im frühen Christentum von hoher Bedeutung war.

EvThom 53
(1) Seine Schüler sagten zu ihm:
„Ist die Beschneidung nützlich oder nicht?"
(2) Er sagte zu ihnen:
„Wenn sie nützlich wäre,
würde ihr Vater sie aus ihrer Mutter
beschnitten hervorbringen.

(3) Aber die wahre Beschneidung im Geiste
hat vollen Nutzen erlangt."

EvThom 53 legt den Schülern Jesu die Frage in den Mund, ob die Beschneidung von Bedeutung sei. Auf diese Weise wird wie in einem Brennglas die Frage aufgeworfen, welche Bedeutung diese Formen jüdischer Kultgesetzgebung für die geheime Botschaft Jesu haben. Die Antwort des Thomasevangeliums ist diesbezüglich rigoros: Sie können bedeutungslos und sogar problematisch sein (vgl. neben EvThom 53 auch EvThom 6; 14). Auch weitere Vorstellungen, welche tragende Gruppen des frühen Christentums mit frühjüdischen Erwartungen verbunden haben, werden als prinzipiell falsch abgewiesen. Dies gilt vor allem für die traditionelle Erwartung einer Auferstehung der Toten, den Anbruch einer neuen Welt (EvThom 51 und indirekt auch EvThom 18,1) und damit einhergehende Erwartungen eines Reiches Gottes (EvThom 113)[50]:

EvThom 51
(1) Seine Schüler sagten zu ihm:
"Wann wird die Ruhe (Auferstehung)[51]
der Toten erfolgen?
Und wann wird die neue Welt kommen?"

---

50 In Bezug auf das u.a. in EvThom 113 vorliegende Motiv der Omnipräsenz des ‚Reichs des Vaters' resümiert N. T. Wright, Resurrection, 536: „The saying expressly rejects the early Christian expectation of a final divine act in history producing new heavens and new earth." Zu der Frage, inwiefern Traditionen wie EvThom 51/113 als Kontrastparallelen zu den von Paulus u.a. in 1 Kor 15* kritisierten Vorstellungen verstanden werden können, sei verwiesen auf E. E. Popkes, Wiederbelebungen, Kapitel 2: Die Anfänge eines platonischen Christentums: eine Spurensuche.

51 Die koptische Übersetzung verwendet den Begriff ‚Ruhe' (*anapausis*), der unmittelbar zuvor in EvThom 50 thematisiert wurde. Aus diesem Grund vermuten verschiedene Diskursteilnehmer(innen), dass in EvThom 51 ursprünglich der phonetisch ähnliche Begriff ‚Auferstehung' (*anastasis*) vorgelegen haben könnte, der aufgrund eines Zeilensprungs verwechselt wurde (so u.a. H.-G. Bethge, Evangelium Thomae Copticum, 532).

3. „Wenn ihr euch erkennt ..." – Offenbarung durch Selbsterkenntnis

(2) Er sagte zu ihnen:
 „Jene (Ruhe/Auferstehung), auf die ihr wartet,
 ist gekommen, aber ihr erkennt sie nicht."

EvThom 113
(1) Seine Schüler sagten zu ihm:
 „Wann wird das Königreich kommen?"
(2) (Jesus sagte)[52]:
 „Es wird nicht kommen,
 wenn man Ausschau nach ihm hält.
(3) Man wird nicht sagen:
 ‚Siehe hier oder siehe dort.'
(4) Sondern das Königreich des Vaters ist ausgebreitet
 über die Erde,
 und die Menschen sehen es nicht."

Es darf jedoch nicht nur gefragt werden, welche Denkansätze im Thomasevangelium abgelehnt werden. Es muss ebenso gefragt werden, was stattdessen in das Zentrum jener Suche nach der verborgenen Botschaft Jesu tritt. Auch dies wird bereits in den ersten Jesus-Worten des Werkes erkennbar.

EvThom 5
(1) Jesus sagt:
 „Erkenne das, was vor deinem Angesicht ist,
 und das, was dir verborgen ist,
 wird sich dir offenbaren.

---

52 Auch wenn in den überlieferten Textbeständen EvThom 113,2-3 nicht explizit als Antwort Jesu gekennzeichnet ist, ist es inhaltlich-sachlich betrachtet unstrittig, dass diese Worte Jesus zugeordnet werden (ein vergleichbares Phänomen begegnet im Übergang von EvThom 43,1 zu EvThom 43,2-3).

(2) Denn es gibt nichts Verborgenes,
das nicht offenbar werden wird."⁵³

Der Jesus des Thomasevangeliums fordert seine Schülerinnen und Schüler z.B. dazu auf, zu erkennen, was ‚vor ihrem Angesicht ist'. Dies kann bei den Leserinnen und Lesern des Thomasevangeliums die Frage aufwerfen, was mit der Angabe ‚vor deinem Angesicht' gemeint sein könnte. Explizit beantwortet wird diese Frage im Kontext von EvThom 5 nicht. Stattdessen wird im folgenden Jesus-Wort EvThom 6,5 ebenso wie in EvThom 5,2 hervorgehoben, dass alle verborgenen Dinge offenbart werden. Wenn jedoch über den unmittelbaren Kontext hinausblickend gefragt wird, wo im Thomasevangelium ansonsten von Erkenntnis gesprochen wird, so lassen sich neue Mosaike von Textformationen erkennen, die inhaltlich und terminologisch miteinander in Beziehung stehen. Besonders deutlich tritt dies an den Wortpaaren EvThom 56; 80 und EvThom 87; 112 zutage⁵⁴.

EvThom 56
(1) Jesus sagt:
„Wer die Welt erkannt hat,
hat einen Leichnam gefunden.

---

53 A. Luijendijk, Resurrection, 272-296 legt dar, inwiefern die Nähe der Begriffsfelder ‚verbergen'/‚offenbaren' und ‚begraben'/‚auferstehen' auch für das Verständnis von Auferstehung im Thomasevangelium von Relevanz sein kann. Dies ist ein Beispiel dafür, inwiefern die Gestaltung des Thomasevangeliums als Sammlung einzelner Jesus-Worte jene ‚verborgenen Mosaike' erkennen lässt, die als Ordnungsstruktur der Sammlung zur Diskussion gestellt wurden (vgl. Kapitel 2.10). Die zuvor beschriebene Abfolge der Lektüre folgte den Begriffen ‚suchen'/‚finden', die durch die ersten Jesus-Worte ins Zentrum gestellt wurden. Hätte man die Lektüre nach EvThom 4 nicht mit dem thematisch entsprechenden Logion EvThom 92 fortgeführt, so wäre mit der Lektüre von EvThom 5 ein weiteres Themenfeld eröffnet worden, das zur Einbeziehung von Jesus-Worten wie EvThom 51 bzw. EvThom 18/19 etc. hätte führen können.

54 Zu den platonischen Vergleichsgrößen der in diesen Jesus-Worten entfalteten Verhältnisbestimmung der Begriffe ‚Seele', ‚Körper' und ‚Kosmos' vgl. I. Miroshnikov, Plato, 45-90; S. J. Patterson, Plato, 186-190.

(2) Und wer einen Leichnam gefunden hat,
dem ist die Welt unwürdig."

EvThom 80
(1) Jesus sagt:
„Wer die Welt erkannt hat,
hat den Körper gefunden.
(2) Wer aber den Körper gefunden hat,
dem ist die Welt unwürdig."

Die Analogie dieser Jesus-Worte ist augenscheinlich. Oftmals wurden sie als Dubletten verstanden, die – der zuweilen etwas konfus wirkenden Anordnungen der Jesus-Worte entsprechend – nur aus Unachtsamkeit doppelt überliefert wurden. Eine solche Einschätzung verkennt jedoch meines Erachtens das Anliegen der Texte. Neben minimalen syntaktischen Unterschieden lässt sich nämlich eine Differenz erkennen, die sprachlich und inhaltlich bemerkenswert ist. Beide Jesus-Worte sprechen von der Erkenntnis des Kosmos (EvThom 56,1a; 80,1a) und davon, welche Konsequenzen diese Erkenntnis bewirkt: Wer die Welt verstanden hat, dem erscheint sie als ‚unwürdig' (EvThom 56,2b; 80,2b)[55]. Unterschiede lassen sich jedoch im Hinblick darauf erkennen, zu was der Kosmos in Beziehung gesetzt wird. Während EvThom 56,1b.2a von einem ‚Leichnam' spricht, spricht EvThom 56,1b.2a von dem ‚Körper'. Warum diese Differenz hohe Aufmerksamkeit verdient, ist nur auf der griechischen und koptischen Sprachebene erkennbar – oder genauer gesagt: hörbar. Die griechischen und koptischen Begriffe πτῶμα/ⲠⲦⲰⲘⲀ (*ptoma*) und σῶμα/ⲤⲰⲘⲀ (*soma*) unterscheiden nämlich nur die Anfangsbuchstaben. Wenn beide Jesus-Worte unmittelbar nacheinander rezitiert werden, so bil-

---

55 Eine weitere Variation erfährt dieses Motiv in EvThom 111,3, wo es sich jedoch ebenso wie in EvThom 61,5 um einen Kommentar zu handeln scheint, der in einen bereits vorliegenden Text eingetragen wurde (EvThom 111,3: „Ist es nicht so, dass Jesus sagt: ‚Wer sich selbst findet, dessen ist die Welt nicht würdig.'").

den sie durch die phonetische Nähe jener Worte für ‚Körper' und ‚Leichnam' eine sich reimende Aussageeinheit. Wenn diese Aussageeinheit wiederum wie eine Gebetsformel kontinuierlich wiederholt wird, bringt sie ein spezifisches Verständnis menschlicher Existenz zum Ausdruck: Der Körper entspricht einem ‚Leichnam', einem ‚Leichnam' der ‚Körper'.

Die skizzierten Aussagen lassen noch deutlicher als die zuvor betrachteten Jesus-Worte erkennen, in welchem Sinne im Thomasevangelium die Botschaft Jesu gedeutet wird, nämlich im Sinne platonischer Denkansätze. Dass der Körper ein Leichnam sein soll, erinnert unmittelbar an die Aussagen Platons, in denen der vergängliche Körper als ‚Grab' oder ‚Gefängnis' der unsterblichen Seele bezeichnet wird (vgl. Plato Phaid. 62b; Gorg. 493a; Phaidr. 250c). Auch Platon vermittelt dies mit einem phonetischen Sprachspiel: Der griechische Begriff für ‚Körper' (σῶμα/soma) steht auch dem Begriff für ‚Grab' (σῆμα/sema) sehr nahe. Mit dieser leicht zu erkennenden Nähe von EvThom 56; 80 zu platonischen Vorstellungen wird aber auch eine grundsätzliche Frage virulent, welche die gesamten weiteren Betrachtungen der Jesus-Worte des Thomasevangeliums begleiten wird: Liegt diesem Werk ein platonisches Menschenbild zugrunde oder ein gnostisches Menschenbild, das sich platonischer Denkansätze bedient?[56] Die Zuordnung und Abgrenzung platonischer und gnostischer Vorstellungen hat jedoch nicht nur für die Interpretation des Thomasevangeliums eine grundlegende Bedeutung, sondern für alle Teilbände der Reihe ‚Platonisches Christentum'. Gerade an diesen Grenzlinien treten signifikant jene frühchristlichen Diskursuniversen zutage, welche durch die zugrunde gelegte historisch-kritische und diskursanalytische Methodik wiederbelebt werden sollen[57]. Diesbezüglich sei

---

56 Die Kritik an ‚Kosmos' und ‚Körper' in EvThom 56; 80; 87; 112 wird von S. Gathercole, Thomas, 428 präzise in Worte gefasst: „These characterisations of the world as spiritually dead are the two most anti-cosmic sayings in Thomas, since ‚death' is perhaps the most negatively valued spiritual state."

57 Zu diesem Anliegen vgl. E. E. Popkes, Platonisches Christentum, Kapitel 3.

3. „Wenn ihr euch erkennt ..." – Offenbarung durch Selbsterkenntnis

auf das eingangs erläuterte Bild zurückverwiesen, demzufolge im Rahmen des Thomasevangeliums ‚Jesus auf dem Weg zur Gnosis Platon trifft' (vgl. Kapitel 2.7). Im Sinne jenes Bildes muss bei jedem einzelnen Jesus-Wort debattiert werden, wo es auf dem langen Weg der Entwicklungsgeschichte des Platonismus und dessen Rezeptionen in gnostischen Konzepten anzusiedeln ist.

Dass diese Standortbestimmungen oftmals keineswegs leichtfallen, lässt sich auch an der weiteren Interpretation von EvThom 56; 80 erkennen. Wenn nämlich gefragt wird, wo das Verhältnis von Kosmos und Körper im Thomasevangelium weiter thematisiert wird, so ergeben sich neue Mosaik-Konstellationen, und zwar durch die Betrachtungen von einerseits EvThom 87; 112 und andererseits EvThom 7:

EvThom 87
(1) Jesus sagt:
„Elend ist der Körper,
der einem Körper verhaftet ist.
(2) Und elend ist die Seele,
die beiden verhaftet ist."

EvThom 112
(1) Jesus sagt:
„Wehe dem Fleisch,
das von der Seele abhängt.
(2) Wehe der Seele,
die von dem Fleisch abhängt."

EvThom 7
(1) Jesus sagt:
„Selig ist der Löwe,
welchen der Mensch fressen wird.
Und der Löwe wird Mensch sein.

(2) Und verächtlich ist der Mensch,
welchen der Löwe fressen wird.
Und der Mensch wird Löwe sein."[58]

Alle drei Jesus-Worte lassen eine Nähe zu platonischen Vorstellungen erkennen. Sie können jedoch jeweils auch in einem gnostischen Sinne interpretiert werden. Exemplarisch tritt dies zunächst bei EvThom 7 zutage. Dieses Jesus-Wort basiert auf einer Metaphorik, mit der Platon seine Vorstellung von einem ‚inneren Menschen' veranschaulicht[59]. Dazu bedient er sich der Metaphorik eines ‚Seelentiers', das unterschiedliche Tiere und die ihnen zugeschriebenen Eigenschaften miteinander vereint (Platon, Polit. 588 c 1 – 589 a 8f.). Der ‚innere Mensch' repräsentiert die am Verstand orientierte Dimension der Seele, welche für Platon unsterblich und unvergänglich ist[60]. Die Metaphorik des Löwen steht dabei für die körperlich-affektive Ausrichtung der menschlichen Existenz, welche es durch einen seelisch-geistigen Wachstumsprozess zu beherrschen gilt. Gelingt dies nicht, so wird ein Mensch von seinen Begierden ‚gefressen wie von einem Löwen'[61].

---

58 In der koptischen Textfassung liegt in EvThom 7,2c ein Text vor, der EvThom 7,1c entspricht und somit keinen Sinn ergibt. Aus diesem Grund wird zumeist ein Übersetzungsfehler postuliert und korrigiert. Entsprechend zuletzt I. Miroshnikov, Plato, 188f.

59 Dass EvThom 7 auf platonischen Vorgaben basiert, ist unstrittig. Strittig ist, auf welche konkreten Auslegungstraditionen Bezug genommen wird und wie dieselben vermittelt wurden. So bereits H. M. Jackson, Lion, passim; zuletzt I. Miroshnikov, Plato, 188-220; L. Roig Lanzillotta, Logion 7, 116-132.

60 Für das Verständnis von EvThom 7 sei exemplarisch verwiesen auf B. Fröhlich, Selbsterkenntnis, 410, welche die Aussageintention Platons treffend zusammenfasst: „In dem ... Bild des ‚Seelentiers' ... wird der begehrende Seelenteil (ἐπιθυμητικόν) mit einem bunten und vielköpfigen Tier verglichen und das eifrige, mutartige Vermögen (θυμικόν) mit einem Löwen. Die Vernunftseele (λογιστικόν) hingegen bestimmt Platon als Mensch ... noch präziser: als ‚innerer Mensch' (ὁ ἐντὸς ἄνθρωπος) des Menschen ..., da ja der Mensch zuvor als das aus allen Kräften Zusammengewachsene bezeichnet worden war."

61 Dieses Motiv wird im Zusammenhang der Nag-Hammadi-Schriften in verschiedenen Kontexten aufgegriffen (vgl. die Angaben in Kapitel 2.8).

In dieser Hinsicht entspricht EvThom 7 auch der Mahnung, welche mit den Jesus-Worten EvThom 87; 112 vermittelt wird: Die seelische Dimension menschlicher Existenz darf sich nicht von körperlichen Begierden dominieren lassen.

Ebenso wie bei EvThom 56; 80 sind auch bei EvThom 87; 112 die Analogien augenscheinlich. Und auch bei diesen Jesus-Worten lässt sich eine terminologische Differenz beobachten, die kaum zufällig entstanden ist. Die materielle Verfasstheit menschlicher Existenz wird in EvThom 87,1 ebenso wie zuvor in EvThom 80 mit dem Begriff ‚Körper' bezeichnet. Stattdessen wird dafür in EvThom 112 der Begriff ‚Fleisch' verwendet. Dieses Detail ist bemerkenswert, da das Verhältnis der Begriffe ‚Körper' und ‚Fleisch' in verschiedenen frühchristlichen Traditionen begegnet, und zwar nicht zuletzt in Kontroversen, in denen unterschiedliche Formen von Auferstehungsvorstellungen zur Sprache gebracht werden. Mit diesen Jesus-Worten wird ein Themenfeld betreten, welches in der Entwicklungsgeschichte des frühen Christentums eine hohe Aufmerksamkeit auf sich zog. Im Sinne der Arbeitsterminologie, die in allen Bänden der Reihe ‚Platonisches Christentum' verwendet wird, kann dieses Themenfeld folgendermaßen bezeichnet werden: Es geht um die Geschichte der Konfrontation konträrer Menschenbilder und eschatologischer Hoffnungen, die mit den Diskurspositionen ‚körperliche Auferstehung der Toten' und ‚Unsterblichkeit der Seele' in Beziehung stehen. Oder um es als Frage zu formulieren: Was sind jene Aspekte menschlicher Existenz, welche mit den Begriffen ‚Seele', ‚Körper' und ‚Geist' bezeichnet werden? Und was geschieht mit diesen Aspekten menschlicher Existenz im Moment des Todes?

Mit den Jesus-Worten 87; 112 wird freilich immer deutlicher, was für ein Verständnis der Botschaft des Thomasevangeliums von grundlegender Bedeutung ist: Dem Thomasevangelium zufolge existiert die unsterbliche Seele nur vorübergehend in einem Körper und in der vorfindlichen Welt. In diesem Sinne kann auch ein Jesus-Wort des Thomasevangeliums verhältnismäßig leicht gedeutet werden, welches auf den ersten Blick nur schwer verständlich ist, nämlich EvThom 42:

EvThom 42
Jesus sagt:
„Werdet Vorübergehende".

Dieses mit Abstand kürzeste Jesus-Wort des Thomasevangeliums konfrontiert seine Leserinnen und Leser schlicht mit der Aufforderung, ‚Hinübergehende' bzw. ‚Vorübergehende' zu werden. Vor dem Hintergrund der biblischen Evangelien mag eine solche Forderung rätselhaft erscheinen. Anders verhält es sich jedoch, wenn man das Jesus-Wort vor dem Hintergrund der Kurzformel „ ... von hier nach dort ..." (ἐνθένδε ἐκεῖσε) deutet, welche den „Kern von allem Platonismus"[62] komprimiert zur Sprache bringt. Der erste Teilaspekt dieser Formel kann vor dem Hintergrund der bisher betrachteten Texte leicht gedeutet werden: Mit ‚hier' ist der vorfindliche Kosmos und die körperlich-materielle Existenz gemeint. Oder um es mit den Worten von EvThom 5,1 zu sagen: Es ist das, was für die Suchenden unmittelbar sichtbar ist, was somit ‚vor ihrem Angesicht ist'. Prompt kann jedoch die Frage gestellt werden, was im Sinne jener ‚Kurzformel von allem Platonismus' mit ‚dort' bezeichnet sein soll? Die Antworten des Thomasevangeliums sind hier klar und unmissverständlich: Es ist die himmlische Heimat, aus welcher die Menschen stammen. Es ist das ‚Licht, das aus sich selbst heraus entstanden ist' (EvThom 50,1), es ist das ‚Königreich des Vaters' (EvThom 49,1), es ist Jesus als eine Menschwerdung jenes ‚allgegenwärtigen Lichts, aus dem alles hervorgegangen ist und in das alles zurückstrebt' (EvThom 77).
Bevor diese Züge des Thomasevangeliums entfaltet werden, müssen jedoch weitere Aspekte vergegenwärtigt werden, welche für

---

62 Zu dieser von T. Szlezák, Seele, 32f. formulierten These vgl. B. T. Schur, Philosophiebegriff, passim; E. E. Popkes, Theologie Platons, Kapitel 3 bzw. 4.

das Verständnis des Themenfeldes ‚Offenbarung durch Selbsterkenntnis' von Relevanz sind. Der beschriebene Weg einer Einbeziehung der Jesus-Worte 42; 56; 80; 87; 111; 112 resultierte aus der Frage, was in EvThom 5,1 mit der Aufforderung gemeint ist, dass die Leserinnen und Leser erkennen sollen, was ‚vor ihrem Angesicht ist' (EvThom 5,1). In der beschriebenen Weise kennzeichnet jene Phrase die materiell-körperliche Verfasstheit menschlicher Existenz, die es von einer seelisch-geistigen Dimension zu unterscheiden gilt. Es gibt jedoch einen weiteren Aspekt von EvThom 5,1, den es zu beachten gilt. Die Formulierung ‚ ... und das, was vor dir verborgen ist, wird sich dir offenbaren' lässt nämlich eine Akzentsetzung erkennen, die sich von ähnlich anmutenden Formulierungen unterscheidet. Auf den ersten Blick scheint dieser Unterschied unbedeutend zu sein. Von einer Offenbarwerdung verborgener Dinge wird auch in anderen Jesus-Traditionen oder in paulinischen Briefen gesprochen (vgl. u.a. Mk 4,22; Lk 8,17-18; 12,2-3; Mt 10,26; Röm 2,16; 1 Kor 2,6-16; 4,5 etc.[63]). Eine Eigentümlichkeit von EvThom 5 besteht jedoch darin, wie das Verhältnis von Erkenntnis und Offenbarung bestimmt wird. Ebenso wie in verschiedenen weiteren Jesus-Worten des Thomasevangeliums wird eine Offenbarung nämlich als die Folge jener Suche nach Erkenntnis bezeichnet (vgl. die vorhergehenden Ausführungen zu EvThom 92). Die Gestalt und die Botschaft Jesu werden nicht als eine Offenbarung Gottes verstanden, an die es zu glauben gilt. Die Botschaft Jesu besteht vielmehr darin, dass er Menschen zur Erkenntnis seiner selbst und ihrer selbst herausfordert. Wie sehr sich diese Zuordnung von anderen frühchristlichen Verständnissen von Glaube und Erkenntnis unterscheidet, tritt an dem Verhältnis von EvThom 91 und EvThom 17 zutage.

---

63 Ausführlich zu diesen Traditionen vgl. E. E. Popkes, Wiederbelebungen, Kapitel 2: Die Anfänge eines platonischen Christentums: eine Spurensuche.

EvThom 91
(1) Sie sagten zu ihm:
 „Sag uns, wer du bist, damit wir an dich glauben."
(2) Er sagte zu ihnen:
 „Ihr prüft das Äußere des Himmels und der Erde,
 aber den, der vor euch steht, habt ihr nicht erkannt,
 und diesen besonderen Moment könnt ihr
 nicht nutzen."

EvThom 17
Jesus sagt:
 „Ich werde euch geben,
 was kein Auge gesehen hat,
 und kein Ohr gehört hat,
 und keine Hand berührt hat,
 und was nicht in den menschlichen Verstand
 gekommen ist."

EvThom 91 lässt eine Struktur der Gedankenführung erkennen, die in vielen weiteren Jesus-Worten des Thomasevangeliums zu beobachten ist. Den Schülern Jesu wird eine Frage in den Mund gelegt. Die Antwort Jesu soll jedoch dokumentieren, dass die Frage im Ansatz falsch gestellt wurde. Mit EvThom 91,1 wird dabei ein in vielen frühchristlichen Traditionen zentrales Motiv zur Sprache gebracht, nämlich der Glaube an Jesus. Der Jesus des Thomasevangeliums will jedoch nicht, dass seine Schüler an ihn glauben, sondern dass sie ihn erkennen (EvThom 91,2). Und die Erkenntnis Jesu führt letztlich zur Selbsterkenntnis. Was jedoch ein entscheidendes Element dieses Erkenntnisprozesses ist, wird in EvThom 17 benannt: Der Jesus des Thomasevangeliums eröffnet dem menschlichen Verstand einen neuen Ansatz einer Erkenntnis. Seine Mittlerposition besteht darin, dass dieser Ansatz bisher von ‚keinem Auge, keinem Ohr und keiner Hand' – also Medien menschlicher Erkenntnisfähigkeit – wahrgenommen wurde.

Dieses Motiv ist in mehrfacher Hinsicht bemerkenswert. Es lässt eindrücklich zutage treten, in welcher Weise die Gestalt und die Botschaft Jesu platonisch interpretiert wird. Im Sinne der Theologie Platons steht der Verstand und damit der unsterbliche Anteil der menschlichen Seele in einer Verbindung zur göttlichen Sphäre[64]. Dieser Aspekt wäre somit im Kontext einer platonischen Schuldiskussion keine innovative These. Das spezifisch platonisch-*christliche* dieses Ansatzes besteht jedoch in drei Aspekten: Einerseits wird Jesus als eine irdische Präsenz jenes Schöpfungsprinzips gedeutet, aus dem die gesamte Schöpfung stammt und in das die gesamte Schöpfung zurückstrebt (vgl. Kapitel 5: „Ich bin das Licht ..." [EvThom 77,1] – ‚Der Ursprung und das Ziel des Daseins'). Andererseits besteht eine zentrale Botschaft des Thomasevangeliums darin, dass alle Menschen in dieser Weise zu ‚Lichtmenschen' werden sollen, die ihrerseits die Welt erleuchten (vgl. Kapitel 6: „ ... und es erleuchtet die ganze Welt." [EvThom 24,3] – ‚Die Erleuchtung der Welt'). Und dieser Prozess einer Entwicklung vollzieht sich darin, dass Menschen ihre Wesenseinheit mit Jesus bzw. jenem Licht zur vollen Entfaltung bringen (vgl. Kapitel 4: „ ... werdet ihr werden wie ich." [EvThom 108] – ‚Die Gleichwerdung mit Jesus').

Leit-These 2.12: Das Thomasevangelium vermittelt zentrale Vorstellungen des Platonismus als Botschaft Jesu, vor allem die Vorstellungen von der Unsterblichkeit der Seele, von der Gleichwerdung der Seele mit Gott, von der Abbildhaftigkeit der vorfindlichen Existenz und von der Erkenntnis des ‚wahren Lichts'.

---

64 Vgl. u.a. Plato Tim. 90 a 2-6: „Die maßgebendste Form von Seele bei uns müssen wir uns aber folgendermaßen denken, dass nämlich Gott sie jedem von uns als einen Schutzgeist verliehen hat; von ihr behaupten wir, dass sie im obersten Teil unseres Körpers wohnt und uns von der Erde zu unserer Verwandtschaft im Himmel erhebt, *da wir kein irdisches, sondern ein himmlisches Gewächs sind."* (ὄντας φυτὸν οὐκ ἔγγειον ἀλλὰ οὐράνιον). Zum Übersetzungsvorschlag vgl. F. D. E. Schleiermacher/F. Müller (K. Widdra), Platon, Bd. 7, 203.

3. „Wenn ihr euch erkennt ..." – Offenbarung durch Selbsterkenntnis

Dass im Thomasevangelium eine Offenbarung als die Folge einer Selbsterkenntnis verstanden wird, tritt eindrücklich an zwei Jesus-Worten zutage, die unmittelbar miteinander in Beziehung stehen, nämlich an dem Logienkomplex EvThom 12/13. In diesem Zusammenhang wird ein Aspekt entfaltet, der bereits in EvThom 3,1-2 angedeutet wurde: Die Suchenden sollen sich nicht von Personen irritieren lassen, denen eine Führungsrolle zugestanden wird. Diese zunächst sehr unbestimmte Aussage wird in EvThom 12/13 präziser entfaltet. Beide Jesus-Worte sind von hoher Relevanz für die Frage, in welchen historischen Zusammenhängen das Thomasevangelium gestaltet wurde und gewirkt haben kann.

EvThom 12
(1) Die Schüler sagten zu Jesus[65]:
  „Wir wissen, dass du von uns gehen wirst.
  Wer wird dann unter uns groß sein?"
(2) Jesus sagte zu ihnen:
  „Egal von wo ihr gekommen seid,
  ihr sollt gehen zu Jakobus, dem Gerechten,
  um dessentwillen der Himmel
  und die Erde entstanden sind."

Die zentrale Gestalt des zwölften Jesus-Wortes ist Jakobus, der Bruder Jesu[66]. Dass diese Gestalt im frühen Christentum eine hohe Autorität innehatte, dokumentieren bereits verschiedene neutestamentliche Schriften. Warum Jakobus diese Autorität erlangen konnte, wird in den neutestamentlichen Schriften freilich

---

65 Bei EvThom 12/13 bietet es sich ebenso wie bei EvThom 79/99/104 an, die stereotype Eingangsformel nicht im Sinne der skizzierten Prinzipien wiederzugeben (vgl. die entsprechenden Vorüberlegungen in Kapitel 2.10).
66 Zum facettenreichen Spektrum frühchristlicher Überlieferungen zu dem Bruder Jesu vgl. u.a. R. Bauckham, James, 55-95; W. Pratscher, Jakobus, passim; M. Hengel, Jakobus, passim; J. Painter, James, passim etc.

nicht erläutert. Schon Paulus erwähnt Jakobus als Autorität der Jerusalemer Gemeinde, ohne dass er dies seinen Leserinnen und Lesern genauer begründen müsste (Gal 1,19; 2,11-12). Auch der Jakobusbrief vertritt einen resoluten Selbstanspruch, der nicht ohne eine besondere Stellung des Bruders Jesu zu erklären wäre. Gleiches gilt für die Erwähnungen des Jakobus in der Apostelgeschichte, in denen er jeweils als eine zentrale Autorität dargestellt wird (vgl. Act 12,17; 15,13-21; 21,18-36). Wenn man jedoch verstehen will, wie es zu diesen Entwicklungen kam, so müssen außerkanonische Schriften in die Diskussion einbezogen werden. Eine besondere Bedeutung haben dabei Zeugnisse des sogenannten ‚Judenchristentum', also jene Formen christlicher Gemeinschaften, die wesentliche Identitätsmerkmale jüdischer Religiosität weiterhin praktiziert haben. Welche hohe Autorität Jakobus für das Judenchristentum hatte, wird u.a. deutlich im Hebräerevangelium und in denjenigen Traditionen, die mit dem Sammelbegriff ‚Pseudoclementinen' bezeichnet werden. Ebenso wie Eusebius von Cäsarea (ca. 260-330 n. Chr.), dem Verfasser der ersten großen Kirchengeschichte, stimmen diese Zeugnisse darin überein, dass Jesus selbst seinen Bruder als seinen Nachfolger eingesetzt hat. Und diese Vorstellung wird auch in EvThom 12 überliefert, und zwar explizit als eine Instruktion Jesu. Doch auch wenn das Thomasevangelium eine Sonderstellung des sogenannten ‚Herrenbruders' einräumt, kann dies nicht als Indiz verstanden werden, dass das Thomasevangelium ursprünglich aus judenchristlichen Kreisen stammt. Einerseits werden die jüdischen Hintergründe des frühen Christentums kritisch betrachtet (vgl. die vorhergehenden Ausführungen zu EvThom 52; 53 etc.). Andererseits veranschaulicht das unmittelbar folgende Jesus-Wort EvThom 13, dass für die Leserinnen und Leser dieser geheimen Worte Jesu nicht Jakobus, sondern Thomas als zentrale Autorität und Vorbild gilt[67].

Neben dem Prolog ist EvThom 13 das einzige Jesus-Wort, in dem Thomas nochmals erwähnt wird. Es kann als eine erzählerische Veranschaulichung von EvThom 62 verstanden werden, demzufolge Jesus seine Geheimnisse nur denjenigen Personen anvertraut, die sich hierfür als würdig erwiesen haben. Dies führt zu der Frage, was die Voraussetzung dafür ist, dass Jesus seine Geheimnisse einer bestimmten Person anvertraut. Vor diesem Hintergrund ist es sicherlich kein Zufall, dass EvThom 13 das einzige Jesus-Wort ist, welches einen längeren Dialog zwischen Jesus und seinen Schülern stilisiert.

EvThom 13
(1) Jesus sagte zu seinen Schülern:
   „Vergleicht mich, sagt mir, wem ich gleiche."
(2) Simon Petrus sagte zu ihm:
   „Du gleichst einem gerechten Engel."
(3) Matthäus sagte zu ihm:
   „Du gleichst einem weisen Philosophen."
(4) Thomas sagte zu ihm:
   „Meister, mein Mund kann es nicht ertragen
   zu sagen, wem du gleichst!"
(5) Jesus sagte:
   „Ich bin nicht dein Lehrer!
   Denn du hast getrunken,
   du bist berauscht von der sprudelnden Quelle,
   die ich ausgemessen habe."

---

67 Entsprechend konstatiert J. Schröter, Thomas, 506 in Bezug auf die Zuordnung von EvThom 12 und EvThom 13: „Diese Abfolge ist nicht auf eine Abwertung des Jakobus, sondern auf eine Herausstellung der jeweiligen Funktion von Thomas und Jakobus zurückzuführen: An Jakobus werden die Jünger für die Zeit der Abwesenheit Jesu verwiesen, Thomas dagegen gilt als derjenige, der die verborgene Lehre Jesu bereits empfangen hat und dadurch zu deren Tradent und zugleich zum Exempel für den Weg der Erlösung geworden ist."

(6) Und er nahm ihn, zog sich zurück
    (und) sagte ihm drei Worte.
(7) Als Thomas aber zu seinen Gefährten kam,
    fragten sie ihn:
        ‚Was hat Jesus dir gesagt?'
(8) Thomas sagte zu ihnen:
    „Wenn ich euch eines von den Worten sage,
    die er mir gesagt hat,
    werdet ihr Steine nehmen (und) nach mir werfen
    und Feuer wird aus den Steinen kommen
    (und) euch verbrennen."

Die komprimiert gestaltete Szenerie erinnert zunächst an das sogenannte ‚Petrusbekenntnis'. Demzufolge soll Petrus als erster aus dem Kreis der Schülerinnen und Schüler Jesu ausdrücklich benannt haben, dass sie Jesus für den erwarteten Messias halten (vgl. Mk 8,27-30 par.). Der Begriff Messias wird jedoch in EvThom 13 und im gesamten übrigen Thomasevangelium nicht erwähnt. Jesus wird hingegen zunächst mit einem Engel oder Philosophen verglichen. Diese Aspekte lassen wiederum erkennen, was an vielen weiteren Worten des Thomasevangeliums zutage tritt: Die Worte und Taten Jesu werden nicht im Horizont biblischer Erwartungen gedeutet.

Die eigentliche Aussageintention des Jesus-Wortes tritt jedoch in der Erzählung von einem Dialog zwischen Jesus und Thomas zutage. Thomas soll die These vertreten haben, dass er es nicht zu sagen wagt, wer Jesus seiner Meinung nach sei. Daraufhin konfrontiert Jesus ihn mit der These, dass er nicht (mehr) sein Lehrer sei. Thomas habe von jener Quelle getrunken, die Jesus zugänglich gemacht hat. Jesus separiert Thomas von seinen übrigen Schülern und vertraut ihm drei geheime Worte an. Der Erzählung zufolge wollen die anderen Schüler wiederum von Thomas erfahren, was Jesus ihm gesagt hat. Der Dialog impliziert jedoch die These, dass jene Worte zur Verfolgung des Thomas führen würden. Die übrigen Schüler Jesu würden sie für eine Irrlehre halten, die eine Steinigung des Thomas rechtfertige.

Besondere Beachtung verdient folgender Sachverhalt: Auf der textinternen Erzählebene von EvThom 13 wird nicht benannt, welchen Inhalt jene drei geheimen Worte hatten, die Jesus Thomas anvertraut haben soll. Für textexterne Leserinnen und Leser gibt es jedoch durchaus Möglichkeiten, jene drei Worte zu deuten. So könnte z.B. die Vermutung geäußert werden, dass Jesus sich selbst als eine göttliche Gestalt bezeichnet hat. Dies würde einerseits der Aussageintention von EvThom 77 entsprechen, in der Jesus als Ursprung und als Zielpunkt allen Daseins bezeichnet wird (ausführlich hierzu vgl. Kapitel 5). Andererseits wäre die Vergöttlichung einer menschlichen Gestalt im Kontext einer jüdischen Religiosität eine scharf zu verurteilende Anmaßung. Dies wird auch in verschiedenen biblischen Erzählungen von den Worten und Taten Jesu reflektiert. Eindrücklich hierfür sind Überlieferungen zu dem Prozess gegen Jesus, der vor dem Hohen Rat stattfand. Seitens der höchsten jüdischen Rechtsinstanz war der eigentliche Grund der Verurteilung der Selbstanspruch Jesu, in einem besonderen Verhältnis zu Gott zu stehen (vgl. Mk 14,61-62; Mt 26,63-66; Lk 22,66-71). Ebenso wird in verschiedenen Zusammenhängen hervorgehoben, dass Jesus davon überzeugt war, durch die Macht Gottes Exorzismen durchzuführen (Lk 11,20; Mt 12,28). Dieser Selbstanspruch habe bei führenden Vertretern des zeitgenössischen Judentums zu der Einschätzung geführt, dass Jesus selbst dämonisch besessen sei (Mk 3,22; Lk 11,15; Mt 12,24).

Am deutlichsten werden diese Aspekte jedoch im Jesus-Bild des Johannesevangeliums vermittelt. Der johanneische Jesus nimmt für sich in Anspruch, was im Prolog des Evangeliums über das Verhältnis von Gott und Logos ausgesagt wurde (vgl. Joh 1,1-3, insbesondere V 1c: καὶ θεὸς ἦν ὁ λόγος [... und Gott war das Wort.']). Er konfrontiert seine textinternen Gesprächspartner mit der These, dass er mit Gott, seinem Vater, wesenseins sei. Die Reaktion der textinternen Gesprächspartner wäre im Sinne einer jüdischen Religiosität legitim gewesen: Sie wollen Jesus steinigen (Joh 10,31). Gegenüber seinen Schülerinnen und Schülern wiederholt Jesus diesen Selbstanspruch mit Nachdruck: Wer ihn sehen würde, würde seinen Vater sehen (Joh 14,6-9). Und das Johannesevangelium findet seinen Höhepunkt schließlich in dem Bekenntnis des Thomas, dass Jesus ‚sein Herr und sein Gott' sei (Joh 20,28). Eine Vergöttlichung der Gestalt Jesu ist somit im Kontext fortgeschrittener Entwicklungsstadien frühchristlicher Traditionsbildungen kein Stein des Anstoßes mehr. Doch was wäre dann – im Sinne von EvThom 13,8 – an einer Aussage todeswürdig, die Jesus ausgerechnet Thomas anvertraut haben soll? Diesbezüglich gibt es meines Erachtens eine Deutungsmöglichkeit, die im Rahmen des Thomasevangeliums verhältnismäßig leicht zu erläutern ist: Das Jesusbild des Thomasevangeliums setzt – ebenso wie das Johannesevangelium – die Vergöttlichung Jesu bereits voraus. Es findet seinen eigentlichen Höhepunkt jedoch – im Gegensatz zum Johannesevangelium – in dem Motiv der Gleichwerdung aller Menschen mit Gott. Ein zentrales Motiv des Thomasevangeliums ist nämlich das Motiv der ‚Gleichwerdung mit Jesus' (vgl. EvThom 108).

Vor einem solchen Hintergrund können auch jene drei Worte, die EvThom 13,6 zufolge Jesus seinem (ehemaligen) Schüler Thomas anvertraut haben soll, relativ leicht gedeutet werden. Im Sinne der vermutlich ursprünglichen Sprache des Thomasevangeliums können dieselben schlicht lauten: ἡμεῖς ἕν ἐσμεν (‚Wir sind eins.'). Dieses Motiv wird im folgenden Arbeitsschritt genauer betrachtet.

4. „ ... werdet ihr werden wie ich." – die Gleichwerdung mit Jesus

Formal betrachtet gehört EvThom 108 zu den kürzeren Jesus-Worten des Thomasevangeliums. Inhaltlich-sachlich betrachtet hat es jedoch eine kaum zu überschätzende Bedeutung – insbesondere für die Interpretation, die mit dem vorliegenden Buch zur Diskussion gestellt wird.

EvThom 108
(1) Jesus sagt:
„Wer von meinem Mund trinken wird,
wird werden wie ich.
(2) Ich selbst werde er werden.
(3) Und die verborgenen Dinge
werden sich ihm offenbaren."

Der Jesus des Thomasevangeliums konfrontiert seine Leserinnen und Leser mit einer These, die sich grundlegend von verschiedenen biblischen Jesus-Bildern unterscheidet: Wer von Jesu Mund trinkt, wird ihm gleich werden (EvThom 108,1). Jesus selbst wird zu ihm werden (EvThom 108,2)[68]. Dieses Geschehen hat eine zentrale Bedeutung für jene Suche, zu der die Leserinnen und Leser des Thomasevangeliums bereits durch die ersten Zeilen des Werks aufgefordert wurden: Die Gleichwerdung mit Jesus führt dazu, dass die verborgenen Dinge sich den Suchenden offenbaren (Ev Thom 108,3).

Das Motiv einer Gleichwerdung mit Jesus hat Interpretationen erfahren, die sich zuweilen deutlich voneinander unterscheiden. Verschiedentlich wurde die These formuliert, es handle sich hierbei eigentlich nur um eine Variation jener ethischen Appelle, die

---

68 Entsprechend hebt U.-K. Plisch, Thomasevangelium, 249 hervor, dass EvThom 108 „vielleicht der mystischste Spruch des Thomasevangeliums" sei.

auch aus anderen Evangelien bekannt sind. Wenn die Schülerinnen und Schüler Jesu sich in einer ähnlichen Weise wie ihr Lehrer verhalten würden, so würden sie seinen Willen und seine Gebote personifizieren. Eine solche Interpretation entspricht jedoch nicht anderen zentralen Jesus-Worten des Thomasevangeliums. Letztere schenken den ethischen Dimensionen der Botschaft Jesu nur eine verhältnismäßig geringe Aufmerksamkeit. Ebenso wurde erwogen, ob EvThom 108 eine Analogie zu Motiven besitzt, die Paulus in verschiedenen Zusammenhängen erwähnt, nämlich zu den Motiven, dass die Gemeinschaft der Glaubenden ‚eine Einheit in Christus' sei (Gal 3,28b), dass die Glaubenden dem Bild des Gottessohnes gleichgestaltet werden sollen (Röm 8,28-30), dass die Glaubenden den ‚Körper Christi' bilden (1 Kor 12,27), dass Christus in der neubestimmten Existenz der Glaubenden lebt (Gal 2,20) etc.[69]. Diesbezüglich gilt es jedoch zu beachten, dass Begriffe wie ‚Glaube' und ‚Christus' für die Jesus-Worte des Thomasevangeliums keine Relevanz haben (derartige Bezüge werden zudem im Kontext des Motivs der ‚Einswerdung' erörtert, das in Kapitel 7 genauer betrachtet wird).

EvThom 108 spricht jedoch von einer Wesenseinheit zwischen Jesus und seinen Schülerinnen und Schülern, die sich schrittweise ausbildet. Dies führt zu der Frage, für was die Gestalt Jesu im Thomasevangelium gehalten wird. Verschiedentlich wurde postuliert, dass die Jesus-Worte dieses Werkes den Eindruck vermitteln, dass Jesus wie ein Weisheitslehrer gewirkt habe. Eine solche Einschätzung ist nicht prinzipiell falsch, aber sie greift zu kurz. Zentrale Jesus-Worte des Thomasevangeliums stellen Jesus nämlich als eine göttliche Gestalt dar. Vor dem Hintergrund dieser Bezugstexte kann das Motiv der Gleichwerdung mit Jesus als eine frühchristliche Interpretation eines zentralen Motivs der Theologie Platons verstanden werden, und zwar als eine Interpretation

---

69 Zu derartigen Ansätzen vgl. u.a. R. Nordsieck, Thomasevangelium, 370; T. Zöckler, Lehren, 245f.; W. Eisele, Thomas, 67.

4. „ ... werdet ihr werden wie ich." – die Gleichwerdung mit Jesus

des Motivs der Gleichwerdung der Menschen mit Gott[70].
Bevor dieser Sachverhalt im folgenden Arbeitsschritt erläutert wird, muss wiederum ein Phänomen benannt werden, das in den vorgehenden Erläuterungen verschiedentlich zutage getreten ist: Die markantesten Parallelen besitzen auch diese Züge des Thomasevangeliums im Johannesevangelium. Auch der Jesus des Johannesevangeliums stellt seinen Schülerinnen und Schülern in Aussicht, dass sie erkennen werden, dass sein Vater und er selbst ‚eins sind' und in ihrer Gemeinschaft Wohnung nehmen werden (Joh 10,30; 14,20). Entsprechend lässt der Verfasser des vierten Evangeliums Jesus dafür beten, dass sein Vater, er selbst und die an ihn Glaubenden ‚eins werden' (Joh 17,20-21). Und auch diesbezüglich drängt sich wiederum die Frage auf, inwieweit das Thomasevangelium und das Johannesevangelium sich in ihrer Entstehung wechselseitig beeinflusst haben. Die gleichzeitige Nähe und Ferne dieser Werke wird noch klarer erkennbar, wenn nun ihre deutlichste Parallele in die Diskussion einbezogen wird, nämlich die jeweilige Bezeichnung Jesu als ‚das Licht' (EvThom 77,1; Joh 8,12) und die damit in Beziehung stehende Lichtmetaphorik.

---

[70] Tendenziell ähnlich resümiert S. Gathercole, Thomas, 158, der zugleich Analogien zu weiteren außerkanonischen Zeugnissen des frühen Christentum hervorhebt: „The degree of assimilation here is strong, reflecting more than a Pauline imagery *in* Christ, and closer to the kind of 'unitive mysticism' or ὁμοίωσις θεῷ in the strong sense in the *Gospel of Eve or the Gospel of Philipp.*" Zur Skizze weiterer frühchristlicher Aufnahmen des platonischen Motivs der Gleichwerdung mit Gott vgl. G. H. Van Kooten, Anthropology, 124-180.

5. „Ich bin das Licht ... " –
der Ursprung und die Vollendung der Schöpfung

Wie in keinem anderen Jesus-Wort des Thomasevangeliums wird in EvThom 77 die Gestalt Jesu in den Fokus der Aufmerksamkeit gestellt. Der komprimierte Text ist als eine Aussage gestaltet, durch welche der Jesus des Thomasevangeliums sein Selbstverständnis zu erkennen gibt.

EvThom 77
(1) Jesus sagt:
„Ich bin das Licht,
jenes, das über allem ist.
Ich bin das All;
das All ist aus mir hervorgekommen
und das All ist zu mir gekommen.
(2) Spaltet einen Holzscheit,
ich bin dort.
(3) Hebt den Stein auf,
und ihr werdet mich dort finden."[71]

Die Struktur von EvThom 77 ist klar erkennbar. Mit der einleitenden Aussage wird Jesus als ‚das Licht' bezeichnet. Die nachfolgenden Aussagen entfalten, was unter diesem Licht zu verstehen ist. Die zentrale These dieser Deutung der Gestalt Jesu ist unmissverständlich: Jesus wird als Manifestation, Ursprung und Zielpunkt allen Daseins bezeichnet (EvThom 77,1b). Die Schülerinnen und Schüler Jesu sollen erkennen, dass sie Jesus überall finden können. Ebenso wie das Königreich (des Vaters) ‚innerhalb

---

[71] Die koptische Übersetzung dokumentiert Änderungen des Textes, da EvThom 77,2-3 in P.Oxy. 1,23-30 mit EvThom 30 verbunden ist. Dies veranschaulicht das schrittweise Wachstum der Texte des Thomasevangeliums. Ausführlich hierzu I. Miroshnikov, Thomas, 62-70; W. Eisele, Thomas, 165-171; E. E. Popkes, Licht, passim.

5. „Ich bin das Licht ..." – der Ursprung und die Vollendung der Schöpfung

und außerhalb von ihnen' (EvThom 3,3) und über die ganze Welt ausgebreitet ist (EvThom 113,3), so ist Jesus als das omnipräsente Licht überall zugänglich[72]. Diese Züge des Thomasevangeliums bringen zum Ausdruck, dass Jesus in diesem Werk nicht einfach nur als ein frühjüdischer Wanderprediger gesehen wird. Er wird vielmehr mit Attributen bezeichnet, die ihn als eine göttliche Gestalt ausweisen[73]. Entsprechend wird seit der Wiederentdeckung des Thomasevangeliums kontrovers diskutiert, inwieweit EvThom 77 ein pantheistisches Gottesbild zugrunde liegt[74].

Wie nah und gleichzeitig fern diese Vorstellung dem Jesus-Bild des Johannesevangeliums steht, wird nicht nur durch die einleitende Aussage ‚Ich bin das Licht' erkennbar, die wortwörtlich Joh 8,12a entspricht. Der Jesus des Thomasevangeliums bezeichnet sich zwar in deutlicher Analogie zu dem Jesus des Johannesevangeliums auch als ‚Sohn des Vaters' (EvThom 37,3; 61,3). Aber seine Botschaft besteht nicht darin, dass seine Schülerinnen und Schüler an ihn glauben sollen, um so aus der Finsternis befreit zu werden und am ewigen Leben Anteil zu gewinnen (vgl. Joh 8,12b mit Joh 1,4-5; 3,16-18). Sie sollen vielmehr erkennen, dass sie

---

[72] Die Hervorhebung der Allgegenwart Jesu kann auch eine Ursache dafür sein, dass in der koptischen Übersetzung EvThom 77,1 und EvThom 77,2-3 miteinander verschränkt wurden. Treffend resümiert U.-K. Plisch, Thomasevangelium, 196: „Holz spalten und Steine aufheben begegnen dann nicht zufällig im Munde des ‚Zimmermanns' Jesus von Nazareth. Ihr Sinn wäre demnach, dass man Jesus im Alltag der Welt begegnet, eben bei der Arbeit, und zu ihm nicht durch besondere religiöse Übungen oder spirituelle Anstrengungen und Leistungen findet."

[73] Vgl. S. Gathercole, Gospels, 210 in Bezug auf EvThom 77 und ebenso EvThom 61: „The picture of Jesus in *Thomas* then, makes it difficult to sustain the ‚low christology' view, or the ‚no christology' view, because Jesus is thematised, and thematised in remarkable terms, not just as a sage."

[74] Ausführlich hierzu zuletzt I. Miroshnikov, Thomas, 62-70 bzw. 269-273. Für eine Modifikation des Begriffs plädiert W. Eisele, Thomas, 169, der (ebenso wie die in Anm. 72 zitierte Einschätzung von Plisch) die mögliche Lebenssituation der Trägerkreise eines solchen Jesus-Wortes in den Blick nimmt: „Dahinter steckt nicht unbedingt ein pantheistisches Weltbild, sondern einfach eine Art Alltagsmystik, die nichts in der Welt ohne Bezug zu dem betrachtet, der Anfang und Ende von allem ist und der die ganze Welt und das menschliche Leben mit seinem Licht erleuchtet."

ihrerseits ‚Kinder des Vaters' sind und zu Manifestationen jenes göttlichen Lichtes werden können[75].

Vor dem Hintergrund des Motivs der Gleichwerdung mit Jesus (EvThom 108) kann auch erläutert werden, warum die skizzierten Züge des Thomasevangeliums eine christliche Interpretation des platonischen Motivs der ‚Gleichwerdung mit Gott' verkörpern. Im Sinne der Anthropologie und der Lichtmetaphorik des Thomasevangeliums sind nämlich die Menschen selbst Träger jenes Lichtes, das sich in Jesus manifestiert hat. Und wenn sie dieses *lumen internum* entfalten, tragen sie ihrerseits zur Erleuchtung der Welt bei. Diese Vorstellung wird im folgenden Arbeitsschritt entfaltet.

---

75 Zum Verhältnis der Lichtmetaphorik des Thomasevangeliums und des Johannesevangeliums verweise ich auf meine Vorarbeiten in E. E. Popkes, Licht, passim.

6. „ ... und es erleuchtet die ganze Welt." – das göttliche Licht im Menschen

In welcher Hinsicht die Anordnung der Jesus-Worte des Thomasevangeliums als verborgene Mosaike zu verstehen sind, kann auch an dem Verhältnis von EvThom 77 und EvThom 24 erläutert werden. Diese Jesus-Worte stehen sich in verschiedener Hinsicht inhaltlich-sachlich nahe. EvThom 77 kann als eine unmittelbare Fortführung von EvThom 24 gedeutet werden:

EvThom 24
(1) Seine Schüler sagten zu ihm:
„Zeige uns den Ort, an dem du bist,
denn es ist notwendig für uns, nach ihm zu suchen."
(2) Er sagte zu ihnen:
„Wer Ohren hat, soll hören.
(3) Im Inneren eines Lichtmenschen ist Licht
und es erleuchtet die ganze Welt.
Wenn es nicht leuchtet, ist Finsternis."[76]

EvThom 24,1 wird durch eine Frage eingeleitet, welche sich unmittelbar auf jenes Thema bezieht, dessen Bedeutung schon mit den ersten Worten des Thomasevangeliums hervorgehoben wurde, nämlich auf das Thema ‚Suchen und Finden'. Die Schüler wollen erfahren, wo sie Jesus finden können. Die Antwort ist bereits in der vorliegenden Gestalt und Anordnung von EvThom 24 erkennbar. Noch deutlicher tritt sie zutage, wenn EvThom 24 vor dem Hintergrund von EvThom 77 interpretiert wird: Jener ‚Ort' ist das in ihnen verborgene Licht – sie sind also selbst dieser ‚Ort'. Es handelt sich somit um eine weitere Variation einer zentralen

---

[76] Grammatikalisch betrachtet kann sowohl ‚Licht' als auch ‚Lichtmensch' das Subjekt von EvThom 24,3b sein (vgl. U.-K. Plisch, Thomasevangelium, 196). Im Zusammenhang mit der zuvor erläuterten Lichtmetaphorik von EvThom 50,1; 61,5; 77 ist es jedoch plausibler, ‚Licht' als Subjekt zu wählen.

Botschaft des Thomasevangeliums: Die Schülerinnen und Schüler Jesu sollen sich selbst erkennen.

Die Bedeutung der mit EvThom 24,1 formulierten Frage lässt bereits die Formel ‚Wer Ohren hat, soll hören!' erkennen, mit welcher die Antwort Jesu eingeleitet wird (EvThom 24,2). Letztere begegnet auch in anderen Zusammenhängen des Werks. Dabei gilt es jedoch hervorzuheben, dass der ermahnende Aufruf nicht etwa wie in EvThom 8/21/63/65/96 am Ende eines Jesus-Wortes angeordnet ist, sondern unmittelbar vor der eigentlichen Antwort Jesu. Mit anderen Worten: Durch EvThom 24,2 wird die Bedeutung von EvThom 24,3 nochmals hervorgehoben.

Die Antwort Jesu bietet für sich genommen einen Freiraum für unterschiedliche Interpretationen. Der Jesus des Thomasevangeliums spricht von einem Licht, das in ‚Lichtmenschen' verborgen sei. Es wird jedoch nicht eindeutig erläutert, ob jene Aussage über ein *lumen internum* als allgemeine Aussage über alle Menschen formuliert ist, oder ob damit lediglich eine bestimmte Gruppe von Menschen gemeint ist. Auch in diesem Kontext hängt der Aussagegehalt des Jesus-Wortes davon ab, welche Bezugstexte als Interpretationsinstanzen gewählt werden. So gibt es z.B. anthropologische Vorstellungen, denen zufolge Menschen in Bezug auf ihr Wesen und Verhalten prädestiniert oder sogar determiniert sind. Aus dem Bereich biblischer Traditionen sei diesbezüglich auf Züge der Theologie des Paulus verwiesen. So kann Paulus im Sinne seiner jüdisch-pharisäischen Bildungshintergründe seine Adressatinnen und Adressaten als ‚Kinder des Lichts' ansprechen und sie zu einer entsprechenden Lebensführung ermahnen (1 Thess 5,5). Gleichzeitig kann er jedoch auch hervorheben, dass sie ihr Verhalten – um es vorsichtig zu formulieren – keineswegs frei bestimmen können (vgl. u.a. Phil 2,12b-13: „Müht euch mit Furcht und Zittern um eure Rettung. Denn Gott ist es, der in euch beides bewirkt, das Wollen und das Vollbringen ... "[77]). Noch deutlicher treten derartige Vorstellungen jedoch in jener Schriftgruppe zutage, in denen viele Kontrastparallelen zum Thomasevangelium vorliegen, nämlich in den johanneischen Schriften. Der Verfasser des 1. Johannesbriefs unterscheidet zwischen ‚Kindern Gottes' und ‚Kindern des Teufels', die in ihrem jeweiligen Wesen und dem daraus resultierenden Verhalten determiniert sind (vgl. 1 Joh 3,7-10; v.a. V 9b: „ ... denn Gottes Kinder bleiben in ihm und können nicht sündigen; denn sie sind von Gott geboren.")[78]. Dieser Dualisierung entsprechen jene Worte, die im vierten Evangelium Jesus in den Mund gelegt werden. Der johanneische Jesus konfrontiert seine jüdischen Mitmenschen, die nicht an ihn glauben wollen, mit der These, dass sie ‚Kinder des Teufels' wären (Joh 8,42-47). Sie könnten seine Botschaft nicht hören und verstehen, weil sie dazu ihrem Wesen nach nicht fähig sind[79]. Dass Menschen in unterschiedlicher Weise zu einer Erlösung befähigt sind, wird auch in vielen außerkanonischen Zeugnissen des frühen Christentums postuliert. Exemplarisch sei auf Traditionen einer „valentinia-

---

77 Am deutlichsten bringt Paulus seine Prädestinationsvorstellungen in Röm 9,6-24; 11,7-10.25-27.32 zur Geltung (v.a. Röm 9,18: „So erbarmt er sich nun, wessen er will, und er verstockt, wenn er will."). Auch wenn strittig ist, inwiefern diese Aussagen lediglich spezielle Funktionen in der Reflexion der Situation seiner jüdischen Mitmenschen einnehmen, die Paulus im Kontext von Röm 9-11 entfaltet, so ist unstrittig, dass diese Aussagen zum Fundament verschiedener Konzepte einer Prädestinationslehre wurden (zur Skizze und zu konträren Deutungen prädestinatianischer Züge paulinischen Denkens vgl. u.a. U. Schnelle, Paulus, 431ff.; G. Röhser, Prädestination, 113-176; T. Eskola, Theodicy, passim; zu deren dogmengeschichtlichen Rezeptionen vgl. u.a. J. Couenhoven, Predestination, passim; C. Link, Art. Erwählung III. Dogmatisch, 1482-1489; W. Trillhaas, Dogmatik, 235ff.; W. Zeindler, Erwählung, 27-96).

78 Zu diesen Zügen der johanneischen Schriften vgl. U. U. Kaiser, Wiedergeburt, 151-160 bzw. 276-284; E. E. Popkes, Liebe, 23-36 bzw. 114-120.

79 Die literarisch stilisierten Gespräche, welche die johanneische Jesus-Gestalt mit ihren textinternen Gesprächspartnern führt, spiegeln jene Trennungsprozesse wider, welche die Entwicklungsgeschichte jener Gemeinschaften geprägt haben, in denen die johanneischen Schriften entstanden sind (vgl. J. Zumstein, Johannesevangelium, 92f.; F. Mußner, Traktat, 281-292).

nischen Menschenklassenlehre"[80] hingewiesen, in der zwischen sogenannten ‚Pneumatikern', ‚Psychikern', ‚Choikern' bzw. ‚Hylikern' differenziert wird. Vor dem Hintergrund der skizzierten prädestinatianischen und deterministischen Vorstellungen wäre das in EvThom 24,3 formulierte Motiv, dass Menschen ein göttliches Licht in sich tragen, nur auf eine eingegrenzte Zahl von Menschen zu beziehen. Es gibt jedoch zwei Indizien, die einer solchen Interpretation grundlegend widersprechen. Bereits in EvThom 24,3b wird erkennbar, dass das angesprochene Licht dem Kosmos zugute kommen soll: Das in den Menschen verborgene Licht soll die Welt erleuchten. Eine solche positive Aussage entzieht sich einer gnostischen Interpretation, in welcher die vorfindliche Welt als eine prinzipiell schlechte Schöpfung verstanden wird, deren Schöpfer zu verachten sei. Nach gnostischem Verständnis sollen sich jene ‚Lichtpartikel' aus der vorfindlichen Welt befreien. Sie sollen diese Welt nicht erleuchten[81]. Noch deutlicher jedoch tritt der positive Weltbezug von EvThom 24,3 zutage, wenn die Lichtmetaphorik von EvThom 24 vor dem Hintergrund von EvThom 77 interpretiert wird. Wenn Jesus als eine Manifestation des allgegenwärtigen Lichts gedeutet wird, aus welchem alles Dasein hervorgegangen ist und in welches alles Dasein zurückstrebt, dann ist auch jeder Mensch eine Trägerin und ein Träger jenes ‚inneren Lichts' – sonst wäre jenes Licht ja nicht allgegenwärtig.

Die skizzierten Aspekte lassen zudem erkennen, auf welche Vorstellung das Motiv der ‚Gleichwerdung mit Jesus' letztlich hinausläuft: Dem Thomasevangelium zufolge besteht die zentrale Botschaft Jesu darin, dass jeder Mensch zu einem ‚Lichtmen-

---

80 Vgl. C. Markschies, Valentinus, 146f.; ferner I. Dunderberg, Classes of Humankind, 79-92; E. Thomassen, Seed, 112f.

81 Aus diesem Grund hebe ich im Kontrast zu meinen früheren Studien hervor, dass diese Züge von EvThom 24; 77 für sich genommen positive Haltungen zum Kosmos implizieren, die sich gnostischen Interpretationen grundlegend entziehen.

schen' werden soll, der die Welt erleuchtet. Denn obwohl das Thomasevangelium eine Reihe von Jesus-Worten überliefert, die eine überaus kritische Haltung gegenüber der Welt und der körperlichen Existenz erkennen lassen (vgl. die vorhergehenden Ausführungen zu EvThom 56; 80; 87; 112), so vertritt es keine prinzipielle Verachtung der geschaffenen Welt. Auch hierin entspricht es einem platonischen Weltbild und widerspricht einer gnostischen Weltverachtung. Und auch hierin steht das Thomasevangelium dem Johannesevangelium nahe, welches ebenfalls ein dialektisches Verhältnis zum Kosmos erkennen lässt.

> *Leit-These 2.13:* Das Thomasevangelium versteht *alle* Menschen als Trägerinnen und Träger des göttlichen Lichts, welches die Welt erleuchtet, wenn sie mit Jesus wesenseins werden.

Die bereits in EvThom 24,3; 77 erkennbaren Dimensionen der Lichtmetaphorik des Thomasevangeliums müssen jedoch durch eine weitere Facette ergänzt werden, die wiederum die platonischen Hintergründe dieses Werks zutage treten lässt. EvThom 50,1 zufolge sind Menschen nämlich nicht nur Träger eines göttlichen Lichts, sondern sie stammen auch von dort. In dieser Hinsicht wird der Jesus des Thomasevangeliums somit auch zu dem Lehrer einer platonischen Seelenwanderungslehre stilisiert. Dieser Sachverhalt wird im folgenden Arbeitsschritt dargelegt.

7. „Wir sind aus dem Licht gekommen ..." – Seelenwanderung als Lehre Jesu

Wie sehr die Gestalt und Botschaft Jesu im Thomasevangelium in einem platonischen Sinne interpretiert wird, zeigt sich eindrücklich an jenen Jesus-Worten, welche die Vorstellungen einer Präexistenz der unsterblichen Seele und einer Seelenwanderung voraussetzen. Die tragende Bedeutung dieser Motive zeigt sich nicht zuletzt darin, dass sie in drei Logienkomplexen thematisiert werden, in denen jeweils zwei Jesus-Worte miteinander in Beziehung stehen (EvThom 18/19; 49/59 und 83/84). Vor diesem Hintergrund können auch weitere Jesus-Worte interpretiert werden, deren Aussageintentionen für sich genommen unklar erscheinen.

Eine erste Andeutung erfahren diese Motive bereits in EvThom 4,1. Dass ein alter Mensch einen neugeborenen Säugling nach dem ‚Ort des Lebens' fragen soll, bleibt für sich genommen jedoch paradox und unverständlich (diesbezüglich sei zurückverwiesen auf die Ausführungen in Kapitel 3). Wenn EvThom 4 jedoch mit jenen Jesus-Worten in Beziehung gesetzt wird, welche für das Seelen-Verständnis des Thomasevangeliums von Relevanz sind, ergibt sich ein anderes Bild.

In der Reihenfolge der Jesus-Worte, welche für die koptische Übersetzung des Thomasevangeliums gewählt wurde, bietet der Logienkomplex EvThom 18/19 die ersten Jesus-Worte, in denen die Vorstellung einer Präexistenz der Seele vor einer körperlichen Geburt deutlich zu erkennen ist.

EvThom 18
(1) Die Schüler sagen zu Jesus:
    „Sage uns, was unser Ende sein wird!"
(2) Jesus sagt:
    „Habt ihr denn schon den Anfang erkannt,
    dass ihr bereits nach dem Ende fragt?

> Dort, wo der Anfang ist,
> dort wird auch das Ende sein.
> (3) Selig ist der, der im Anfang stehen wird.
> Und dort wird er das Ende erkennen
> und den Tod nicht schmecken."

EvThom 19
(1) Jesus sagt:
> „Selig ist der, der war, bevor er wurde.
> (2) Wenn ihr mir Schüler werdet,
> meine Worte hört,
> werden euch diese Steine dienen.
> (3) Denn ihr habt fünf Bäume im Paradies,
> die sich im Sommer
> (und) im Winter nicht wandeln
> und deren Blätter nie fallen.
> (4) Wer sie erkennen wird,
> wird den Tod nicht schmecken."

Die unmittelbar aufeinander folgenden Jesus-Worte, die terminologisch und inhaltlich eng miteinander verschränkt sind, werden durch eine Frage der Schülerinnen und Schüler eingeleitet. Sie möchten erfahren, welches Ende bzw. welche Vollendung ihre vorfindliche Existenz finden wird. Ebenso wie in EvThom 51/113 wird den Schülerinnen und Schülern Jesu somit eine Frage in den Mund gelegt, die traditionellen Erwartungen entspricht. Und ebenso wie in jenen Jesus-Worten dokumentiert die Antwort Jesu, dass eine solche Erwartungshaltung bereits im Ansatz falsch ist. Die Schülerinnen und Schüler Jesu sollen vielmehr erkennen, was der Ursprung ihrer Existenz war. Dann würden sie auch verstehen, was deren Ende und Vollendung sein wird.

Das folgende Jesus-Wort EvThom 19 benennt ein spezielles Detail, welches die Schülerinnen und Schüler Jesu in Bezug auf den Ursprung ihrer Existenz erkennen sollen. Nachdem EvThom 19,1 die Vorstellungen einer Präexistenz umschreibt, wird im Folgenden ein Motiv angesprochen, das auf den ersten Blick an die biblischen Schöpfungserzählungen von einem Paradiesgarten erinnert. Das Motiv von fünf Bäumen, die nicht dem jahreszeitlichen Zyklus von Werden und Vergehen unterliegen, besitzt seine Analogien jedoch nicht unmittelbar in Gen 2-3, sondern in hellenistisch-jüdischen und gnostisch-manichäischen Deutungen dieser Traditionen[82]. Ebenso wie EvThom 18,3 mündet EvThom 19,4 schließlich in eine These, welche jene Verheißung aufnimmt und modifiziert, mit welcher die Leserinnen und Leser bereits im ersten Jesus-Wort des Thomasevangeliums konfrontiert wurden: Wer den Ursprung seiner Existenz erkennt, ist dem Schicksal des Todes enthoben.

Am deutlichsten treten die Motive einer Präexistenz der Seele und einer Seelenwanderung jedoch in EvThom 49/50 zutage. Beide Jesus-Worte haben eine hohe Relevanz für die Deutung des Thomasevangeliums, die mit dem vorliegenden Buch zur Diskussion gestellt wird.

EvThom 49
(1) Jesus sagt:
„Selig sind die Eins-Gewordenen
und die Auserwählten,
denn ihr werdet das Königreich finden.
(2) Denn ihr kommt von dort,
ihr kehrt wieder dorthin zurück."

EvThom 50
(1) Jesus sagt:
„Wenn sie zu euch sagen:
‚Woher seid ihr gekommen?',

---

82 Zur Übersicht möglicher Vergleichstexte vgl. S. Gathercole, Thomas, 289-296; E. E. Popkes, Menschenbild, 257-342.

7. „Wir sind aus dem Licht gekommen ..." – Seelenwanderung als Lehre Jesu

sagt zu ihnen:
,Wir kommen aus dem Licht,
dem Ort, wo das Licht durch sich
selbst geworden ist.
Es manifestierte sich
und erschien in ihrem Bild[83].'
(2) Wenn sie zu euch sagen:
,Wer seid ihr?',
sagt:
,Wir sind seine Kinder und wir sind
die Auserwählten des lebendigen Vaters.'
(3) Wenn sie euch fragen:
,Was ist das Zeichen eures Vaters in euch?',
sagt zu ihnen:
,Es ist Bewegung und Ruhe'."

Beide Jesus-Worte haben zentrale Aussageintentionen miteinander gemeinsam. Unterschiede bestehen einerseits in den verwendeten Bildern und Begriffen, andererseits in den jeweiligen thematischen Zuspitzungen. Für beide Texte ist das Motiv einer Präexistenz von grundlegender Bedeutung. Der Ort jener Präexistenz wird zunächst mit dem Begriff ‚Königreich' (EvThom 49,1) bezeichnet, der dem Begriff ‚Königreich Gottes' nahe steht, also jenem Begriff, der für frühe Jesus-Traditionen von zentraler Bedeutung war. Demgegenüber wird in EvThom 50,1 die eigentliche Heimat der Schülerinnen und Schüler Jesu als ‚das Licht' bezeich-

---

83 In Bezug auf die abschließende Wendung von EvThom 50,1 bringt C. Tornau, Kritik, 358f. eine alternative Lesart in die Diskussion ein, der zufolge in der koptischen Übersetzung eine indirekt reflexive Formulierung nicht angemessen erfasst wurde, die in den griechischen Texttraditionen vorgelegen haben könnte. Demnach könnte die abschließende Wendung ursprünglich „und erschien in unserem Bild" gelautet haben. Dies würde eine inhaltlich-sachliche Analogie zu EvThom 84 herstellen.

net[84]. Die außergewöhnliche Qualität dieses Licht wird hervorgehoben, indem es wie ein göttliches Wesen beschrieben wird: Es sei aus sich selbst heraus entstanden. Das Licht ist aber nicht nur eine rein jenseitige Dimension, sondern es ist auch in der vorfindlichen Welt gegenwärtig: Das Licht habe sich in ‚ihren Bildern' manifestiert (EvThom 50,1b). Dieses Detail deutet bereits jene Korrespondenz zu der Unterscheidung von ‚Urbildern' und ‚Abbildern' menschlicher Existenz an, die in EvThom 83; 84 entfaltet wird. Beide Aspekte lassen ebenso deutliche Analogien zu platonischen Vorstellungen erkennen. So kann z.B. die in EvThom 50,1 angesprochene ‚Licht-Heimat' als jenes ‚wahre Licht' bezeichnet werden, welches Platon zufolge in der vorfindlichen Welt nicht wahrgenommen werden kann (vgl. u.a. Platon, Phaidon 109 e)[85]. Dass sich jenes Licht wiederum in den ‚Bildern der Menschen' manifestiert haben soll, entspricht weiteren zentralen Vorstellungen des Thomasevangeliums. Einerseits steht es dem Motiv nahe, dass Menschen ein *lumen internum* in sich tragen, welches die Welt erleuchten kann (EvThom 24,3). Andererseits entspricht EvThom 50,1 der These, dass Jesus jenes allgegenwärtige Licht sei, aus dem die Schöpfung stammt und in das die Schöpfung

---

84 Die platonischen Hintergründe der Motive der ‚Bewegung' und ‚Ruhe', in denen das Jesus-Wort EvThom 50,3 seinen Höhepunkt findet, werden von S. J. Patterson, Way, 130 treffend in Worte gefasst: „Here is the Platonic idea of the soul's journey from heaven and its eventual return home. As the spirit is released from the body, it rises upward. (...) If one can achieve such harmony, the soul is said to be both moving and at rest (Timaeus 90)."

85 Im Jenseitsmythos des Dialogs Phaidon erläutert Sokrates dieses Motiv unmittelbar vor seiner Hinrichtung. Es ist deutlich zu erkennen, dass Platon einen Bezug zur Metaphorik des Höhlengleichnisses konstruiert, der zufolge das ‚wahre Licht' nur außerhalb jener Höhle erkannt werden kann, mit welcher er die vorfindliche Existenz vergleicht. Treffend konstatiert W. Eisele, Jenseitsmythen, 320, dass zwischen diesen Texten die „Anspielungen ... unüberhörbar" sind. Ausführlich hierzu vgl. E. E. Popkes, Theologie Platons, passim.

zurückstrebt (EvThom 77,1)[86]. In dieser Hinsicht ist ‚Licht' neben ‚Vater' somit ein Synonym für Gott.

> *Leit-These 2.14:* Das Thomasevangelium deutet die Gestalt Jesu als eine Menschwerdung des ‚wahren Lichts', das Platon zufolge nur außerhalb der vorfindlichen Welt erfahrbar ist.

Noch deutlicher als die zuvor erwähnten Jesus-Worte basieren EvThom 49 und EvThom 50 auf der Vorstellung einer Seelenwanderung. In der antik-mediterranen Umwelt und in außerkanonischen Zeugnissen des frühen Christentums gibt es für ein solches Menschenbild verschiedene Vergleichsgrößen, und zwar insbesondere in solchen Traditionen, die platonisch-mittelplatonischen und gnostischen Konzepten nahestehen. Dass in der Geschichte des frühen Christentums um damit einhergehende Menschenbilder gestritten wurde, dokumentieren verschiedene kirchliche Autoren (vgl. vor allem Irenäus von Lyon, Tertullian, Clemens von Alexandrien, Origenes etc.)[87]. Auch viele Schriften, die im Rahmen der Nag-Hammadi-Kodizes gefunden wurden, basieren auf Vorstellungen von einer Seelenwanderung.

Eine Besonderheit von EvThom 49 ist jedoch der Begriff *monachos* (ⲙⲟⲛⲁⲭⲟⲥ), mit welchem die Menschen bezeichnet werden, die aus jener Präexistenz stammen und in jenen Zustand zurückkeh-

---

86 Diesbezüglich lässt sich ein eigentümliches Phänomen beobachten. In Bezug auf die johanneische Lichtmetaphorik wurde bereits vielfach debattiert, ob sie ihrerseits eine Affinität zu dem Motiv des ‚wahren Lichts' in Platon, Phaidon 109 e aufweist, insbesondere in Bezug auf Joh 1,9 ἦν τὸ φῶς τὸ ἀληθινόν, ὃ φωτίζει πάντα ἄνθρωπον, ἐρχόμενον εἰς τὸν κόσμον (so u.a. bereits C. H. Dodd, Interpretation, 140; zuletzt u.a. G. H. Van Kooten, Light, 149-194; Ders., Anthropology, 56; H. W. Attridge, Platonic Reflections, 277-295). Was dies jedoch für die traditionsgeschichtlichen Hintergründe der Lichtmetaphorik des Thomasevangeliums bedeutet, welche unübersehbare Parallelen zum vierten Evangelium aufweist, wird kaum hinterfragt (dies gilt selbst für die ansonsten sehr gute Studie zu den platonischen Hintergründen dieses Werks von I. Miroshnikov, Plato, passim).

87 Vgl. H. Zander, Seelenwanderung, 126-133; E. E. Popkes, Erfahrungen I, passim.

ren. Die Verwendung von *monachos* in EvThom 16; 49; 75 ist bereits deshalb bemerkenswert, weil es sich wahrscheinlich um die ältesten Belege dieses Begriffs handelt[88]. *Monachos* bezeichnet in der erst deutlich später beginnenden Geschichte des frühen Mönchtums eigentlich einen ‚Mönch'. Gleichwohl wäre es unangemessen, diesen Terminus im Rahmen des Thomasevangeliums mit ‚Mönch' zu übersetzen. Auch die in vielen Übersetzungen und Kommentaren verwendeten Begriffe ‚Einzelne' bzw. ‚Vereinzelte' sind unpräzise, da es dafür andere griechische Termini gibt. Abgeleitet von dem Begriffsfeld *monas* (‚Monade' bzw. ‚Einheit') sollte *monachos* vielmehr als Umschreibung einer ‚Wieder-Eins-Werdung' gedeutet werden. Der Begriff bringt somit jene Überwindung der Gegensätze zum Ausdruck, welche eine vorfindliche Existenz menschlicher Individuen prägt (also z.B. die Überwindung der Geschlechterdifferenz etc.)[89].

Mit welchem Motiv die Überwindung jener Gegensätze im Thomasevangelium umschrieben wird, veranschaulicht das dritte Jesus-Wort, in dem der Begriff *monachos* vorkommt, nämlich Ev Thom 75:

EvThom 75
Jesus sagt:
„Viele stehen vor der Tür,
aber die Eins-Gewordenen sind es,
die in das Brautgemach eingehen werden."

---

[88] Angesichts dessen verwundert es kaum, dass der Begriff *monachos* seit der Auffindung des koptischen Thomasevangeliums stets eine besondere Aufmerksamkeit auf sich zog. Zur Forschungsgeschichte und zum Spektrum konträrer Interpretationsansätze vgl. S. Gathercole, Thomas, 278-282; E. E. Popkes, Menschenbild, 147-211; I. Miroshinkov, Plato, 116-128.

[89] In dieser Hinsicht steht der Begriff weiteren Jesus-Worten des Thomasevangeliums nahe, die für sich genommen kaum verständlich sind (vgl. u.a. EvThom 22; 114 etc.).

EvThom 75 verwendet ein Motiv, in dem die Überwindung der Unterschiede der Geschlechter markant im Vordergrund steht, nämlich den Eintritt eines vermählten Brautpaars in ein Brautgemach. In verschiedenen Kulturen der antik-mediterranen Umwelt des Thomasevangeliums wird dieses Motiv als das Sinnbild der Einswerdung von Mann und Frau gesehen, aus der wiederum neues Leben entsteht[90]. Auch wenn diese Metaphorik somit für viele Menschen unmittelbar zugänglich ist, begegnen explizite Vergleichsgrößen zu diesem Jesus-Wort vor allem in gnostischen Traditionen, insbesondere im Valentianismus, wo es als eines von fünf Sakramenten verstanden wird[91]. Das Motiv des Brautgemachs umschreibt dabei den Übergang in die ‚Ruhe' und damit in die endgültige Vollendung menschlicher Existenz. Bemerkenswerterweise wird dieses Motiv in dem Werk dezidiert entfaltet, welches im zweiten Kodex der Nag-Hammadi-Schriften unmittelbar auf das Thomasevangelium folgt, nämlich in dem (wohl) valentinianischen Philippusevangelium (EvPhil 61; 66-68; 73; 76; 79; 80; 82; 87; 95; 102; 122; 124; 127). Dies kann als ein weiteres Indiz dafür gewertet werden, dass die im zweiten Kodex der Nag-Hammadi-Schriften überlieferte koptische Übersetzung des Thomasevangeliums Überarbeitungen erfuhr, welche eine thematische Verschränkung der einzelnen Traktate herstellte. Oder um es in Bezug auf das eingangs erläuterte Bild einer religionshistorischen Verortung des Thomasevangeliums zu formulieren: EvThom 75 ist eines jener Jesus-Worte, in denen ‚Jesus auf seinem Weg zur Gnosis' schon weit vorangeschritten ist. Dass dieser Weg jedoch bei Platon seinen Anfang nahm, lässt sich eindrücklich an dem Logienkomplex EvThom 83/84 erläutern.

---

90 Grundlegend hierzu R. Zimmermann, Geschlechtermetaphorik, passim.
91 Vgl. E. Thomassen, Seed, 348-353. M. Mayordomo, Mädchen, 501 erkennt in EvThom 75 eine „individualistisch gnostische Deutung" des matthäischen Gleichnisses von den klugen und unklugen Brautjungfrauen (Mt 25,1-13).

EvThom 83

(1) Jesus sagt:
"Die Bilder sind dem Menschen sichtbar;
aber das Licht in ihnen ist verborgen
im Bild des Lichtes des Vaters.[92]

(2) Es wird sich offenbaren,
aber sein Bild ist verborgen durch sein Licht."

EvThom 84

(1) Jesus sagt:
"Wenn ihr euer Abbild seht,
freut ihr euch.

(2) Wenn ihr aber eure Bilder seht,
die vor euch entstanden sind
– weder sterben sie, noch erscheinen sie –,
wieviel werdet ihr ertragen?"

EvThom 83; 84 ist der dritte Logienkomplex, der in unmittelbar aufeinanderfolgenden Jesus-Worten die Motive einer Präexistenz der Seele und einer Seelenwanderung thematisiert. Die vorfindliche körperlich-sterbliche Existenz entspricht ‚Abbildern' (EvThom 83,1a.84,1), die unsterblichen ‚Urbilder' hingegen der seelischen Dimension der Existenz (EvThom 84,2). Beide Jesus-Worte sind jedoch wiederum Beispiele dafür, dass im Thomasevangelium oftmals Motive vorliegen, die für sich genommen nicht eindeutig interpretiert werden können. Ihr Aussagegehalt wird durch die Bezugsgrößen beeinflusst, in deren Rahmen die Jesus-Worte gedeutet werden. Nimmt man Bezug auf gnostische Reformulierungen der biblischen Schöpfungserzählungen Gen 1-3, so können EvThom 83/84 als Ausdruck einer gnostischen An-

---

92 Speziell zu den in hohem Maße kontroversen Diskussionen zur Textgestalt, Struktur und Übersetzung des Übergangs von EvThom 83,1 zu EvThom 83,2 vgl. zuletzt I. Miroshnikov, Thomas, 222ff. Zur Begründung der gewählten Struktur und Übersetzung vgl. E. E. Popkes, Menschenbild, 228-231.

thropologie gedeutet werden. Durch die Komposition des zweiten Kodex der Nag-Hammadi-Schriften ist eine solche gnostische Reformulierung der biblischen Schöpfungserzählungen unmittelbar vor der koptischen Übersetzung des Thomasevangeliums angeordnet, nämlich in der Langfassung des Johannesapokryphons (NHC II,1). Dies kann als Indiz verstanden werden, wie jene Personen EvThom 83/84 gedeutet haben, die für die Zusammenstellung des zweiten Nag-Hammadi-Kodex verantwortlich waren. Es bedeutet jedoch nicht, dass beide Jesus-Worte zwangsläufig gnostisch gedeutet werden müssen[93].

Wenn man hingegen EvThom 83/84 unmittelbar vor dem Hintergrund platonischer Traditionen interpretiert, so können dieselben als eine Variation über das Motiv gedeutet werden, dass in der vorfindlichen Welt alle Existenzformen lediglich als Abbilder unsterblicher Urbilder zu verstehen sind. Jene unsterblichen Urbilder können jedoch in der vorfindlichen Existenz nur begrenzt wahrgenommen werden[94]. Dabei gilt es in Bezug auf EvThom 83/84 einen Sachverhalt in besonderem Maße hervorzuheben: Die drei Logienkomplexe EvThom 18/19; EvThom 49/50 und EvThom 83/84 vermitteln zwar vergleichbare Vorstellungen mit variierenden Bildern und Begriffen. In dem letzten Element dieser Trias wird jedoch eine neue Perspektive eröffnet. EvThom 83,2 mündet nämlich in die Aussage, dass das ‚Licht des Vaters' sich offenbaren wird. Wenn dieses Detail vor dem Hintergrund der skizzierten Leitgedanken von EvThom 24; 77; 108 und der Theologie Platons gedeutet wird, so lässt sich erkennen, worin die Hoffnung

---

93 Generell zu EvThom 83/84, dem weiten Spektrum religionsgeschichtlicher Vergleichsgrößen und dem speziellen Verhältnis zwischen der koptischen Übersetzung des Thomasevangeliums (NHC II,2) und der unmittelbar zuvor angeordneten Langfassung des Johannesapokryphons (NHC II,1) verweise ich auf meine Vorarbeiten in E. E. Popkes, Menschenbild, 227-332.

94 Dabei konstatiert C. W. Hedrick, Thomas, 148 nicht nur eine Analogie zum Höhlengleichnis Platons, sondern ebenso zu den entsprechenden Zügen des Sonnengleichnisses, mit dem Platon u.a. die Idee des Guten veranschaulicht: „ ... in the case of Thomas, the Good equals the Father ...".

besteht, welche die Verfasser und die Trägerkreise des Thomasevangeliums in Bezug auf die vorfindliche Existenz bewegt. Wie zuvor erläutert wurde, wird Jesus als die irdische Gegenwart jenes ‚wahren Lichts' gedeutet, das der Theologie Platons zufolge nur außerhalb der vorfindlichen Welt erfahrbar ist (Platon Phaidon 109 e). Jenes Licht ist allgegenwärtig und somit auch in jedem Menschen präsent (EvThom 24,3; 77). Wenn die Schülerinnen und Schüler Jesu mit Jesus wesenseins werden (EvThom 108), werden auch sie zu Lichtmenschen und zu ‚Offenbarungen des Lichts des Vaters' (EvThom 84,2), welches die Welt erleuchten kann (EvThom 24,3). Die zentrale Botschaft des Thomasevangeliums besteht somit darin, dass alle Menschen zu einer irdischen Gegenwart jenes Lichts werden können, aus dem sie ursprünglich stammen und in das sie zurückkehren (EvThom 28; 49; 50,1; 77)[95].

In dieser Hinsicht repräsentiert das Thomasevangelium nicht nur eine spezielle Form frühchristlicher Traditionsbildungen, die als ‚Vulgärplatonismus' zu marginalisieren ist. Es handelt sich vielmehr auch um eine neue Gestaltwerdung von Platonismus, und zwar in der Gestalt eines ‚platonischen Christentums'. Und dem Thomasevangelium zufolge war der Begründer des platonischen Christentums niemand anderes als Jesus selbst.

Leit-These 2.15: Für das Thomasevangelium ist Jesus der Begründer eines ‚Platonischen Christentums'.

---

95 Besonders deutlich tritt eine solche Vorstellung zutage, wenn diese Züge des Thomasevangeliums vor dem Hintergrund der Seelenwanderungslehre Platons gedeutet werden, die von einem schrittweisen Wachstum der Seele ausgehen (ausführlich hierzu E. E. Popkes, Erfahrungen I, 118-131; ders., Theologie Platons, passim). I. Miroshnikov, Plato, 256f. erkennt in der Anordnung der Texte EvThom 50,1 – EvThom 22,6 – EvThom 83,1; 84,2 – EvThom 83,2 eine Variation einer heilsgeschichtlichen Erwartung: „Thomasine protology and eschatology do not duplicate each other; the Gospel of Thomas does not envision salvation as merely returning to the original state. Rather, there is an antithetic parallelism between protology and eschatology; the end is, in a way, the opposite of the beginning."

8. Zusammenfassungen und Ausblicke

Im Folgenden sollen die zentralen Merkmale der platonischen Deutungen der Gestalt und der Botschaft Jesu, welche im Thomasevangelium vorliegen, nochmals zusammengefasst werden. Dies geschieht in drei Arbeitsschritten. Zunächst werden die platonischen Züge des Thomasevangeliums zusammenfassend beschrieben und schematisch veranschaulicht (8.1 und 8.2). Abschließend werden die im Verlauf der Darstellung formulierten Leitthesen rekapituliert (8.3).

8.1 Zusammenfassung der platonischen Deutung der Gestalt und Botschaft Jesu im Thomasevangelium

Das Thomasevangelium überliefert eine platonische Deutung der Gestalt und Botschaft Jesu. Seine zentralen Thesen können anhand seiner lichtmetaphorischen Motive erläutert werden. Der Jesus des Thomasevangeliums bezeichnet sich selbst als das allgegenwärtige Licht und als das All – die gesamte Schöpfung sei aus ihm hervorgegangen und strebe zu ihm zurück (EvThom 77,1). Jesus wird als eine irdische Gegenwart jenes ‚wahren Lichts' gedeutet, das der Theologie Platons zufolge nur außerhalb der vorfindlichen Welt erfahrbar ist (Platon Phaidon 109 e). Der Jesus des Thomasevangeliums hebt jedoch hervor, dass alle Menschen dieses Licht in sich tragen (EvThom 24,3). Sie stammen aus jenem Licht und kehren dorthin zurück (EvThom 28; 49; 50,1; 77). Sie sollen ihrerseits zur Erleuchtung der vorfindlichen Welt beitragen (EvThom 24,3; 83/84).

Die angesprochenen Forderungen des Thomasevangeliums basieren auf dem Motiv der Gleichwerdung der Jünger mit Jesus (EvThom 108,1f.; 13,4-8; 61,3.5). Durch ihre Wesenseinheit mit Jesus gewinnen seine Schülerinnen und Schüler Anteil an einer universalen Erkenntnis und werden selbst zu ‚Lichtmenschen' und zu ‚Offenbarungen des göttlichen Lichts' (EvThom 24,3; 61,5;

108,3). Um dies zu ermöglichen, dürfen sie sich nicht von den irdisch-körperlichen Dimensionen ihres Daseins dominieren lassen (EvThom 7; 56; 80; 87; 112). Auf diese Weise werden Menschen dazu befähigt, zwischen ihren sterblichen Abbildern und ihren unsterblichen Urbildern zu unterscheiden (EvThom 83/84). Durch die Gleichwerdung mit Jesus entfalten sie das in ihnen verborgene Licht, das die Welt erleuchten kann (EvThom 24,3; 61,5).

Das Thomasevangelium überliefert auch einen Begriff, der das skizzierte Menschenbild signifikant zutage treten lässt, nämlich den Begriff *monachos* (ⲙⲟⲛⲁⲭⲟⲥ). Dieser bringt zunächst zum Ausdruck, dass die wahren Schülerinnen und Schüler Jesu einer Vereinsamung und Vereinzelung ausgesetzt sind (vgl. die Korrespondenz der *monachos*-Aussagen in EvThom 16,4; 49,1; 75 mit EvThom 8; 23; 30; 107 etc.). Dieser Aspekt entspricht dem Phänomen, dass im Thomasevangelium größere Gemeinschaften und Hierarchien kritisch beurteilt werden (EvThom 3; 13). Der Terminus *monachos* besitzt jedoch auch eine zweite Ebene, welche das Verständnis von Erlösung und Vollendung vermittelt, auf dem das Thomasevangelium basiert. Die *monachos*-Aussagen stehen in einem thematischen Bezug zu denjenigen Jesus-Worten, in denen von einer Überwindung der individuellen Merkmale menschlicher Existenz die Rede ist, und zwar insbesondere von der Überwindung der Geschlechterdifferenz von Mann und Frau (vgl. die Korrespondenz der *monachos*-Aussagen in EvThom 16,4; 49,1; 75 mit EvThom 4; 11,4; 22,4-7; 48; 106; 114). Die Überwindung der Individualität vollzieht sich darin, dass Menschen in die göttliche Einheit zurückkehren, aus der sie stammen (vgl. v. a. EvThom 49; 50,1f.). Angesichts dessen kann der Begriff *monachos* als ein *terminus technicus* für das Menschenbild des Thomasevangeliums verstanden werden, mit welchem die vollendeten Schülerinnen und Schüler Jesu bezeichnet werden. Sie kehren somit in die göttliche Einheit (μόνας) zurück, aus der sie stammen (EvThom 49). Diese Vollendung menschlicher Existenz wird mit dem Motiv des Brautgemachs bezeichnet, welches die Aufhebung der

Geschlechterdifferenz umschreibt (EvThom 75).

In diesem Sinne kann auch ein auf den ersten Blick nur schwer verständliches Jesus-Wort des Thomasevangeliums verhältnismäßig leicht gedeutet werden, nämlich EvThom 42. Dieses mit Abstand kürzeste Jesus-Wort des Thomasevangeliums konfrontiert seine Leserinnen und Leser schlicht mit der Aufforderung, ‚Hinübergehende' bzw. ‚Vorübergehende' zu werden. Vor dem Hintergrund der biblischen Evangelien mag eine solche Forderung rätselhaft scheinen. Anders verhält es sich jedoch, wenn man dieselbe vor dem Hintergrund einer Kurzformel deutet, welche den „Kern von allem Platonismus"[96] komprimiert zur Sprache bringt, nämlich vor dem Hintergrund der Formel „ ... von hier nach dort ..." (ἐνθένδε ἐκεῖσε).

Die platonische Deutung der Gestalt und der Botschaft Jesu lässt jedoch auch verstehen, warum viele Konzepte, die für die biblischen Evangelien von zentraler Bedeutung sind, für das Thomasevangelium keine Bedeutung haben können (insbesondere in Bezug auf sühnetheologische Deutungen des Todes Jesu und in Bezug auf die Vorstellung von einer körperlichen Auferstehung). Insbesondere das Thomasevangelium und das Johannesevangelium wirken diesbezüglich wie Kontrastparallelen, deren Verfasser und Trägerkreise sich in ihrer Entwicklung wechselseitig beeinflusst haben (insbesondere in Bezug auf die konträren Vorstellungen von einer Menschwerdung Gottes und einer Gottwerdung des Menschen und in Bezug auf das Verständnis von Glaube und Selbsterkenntnis). Sie bringen eindrücklich zur Geltung, in welcher Weise kanonische und außerkanonische Zeugnisse des frühen Christentums ‚verborgene Diskurse' widerspiegeln, deren Wiederbelebungen Theologie und Kirche wertvolle Impulse vermitteln können. Worin diese bestehen, wird im vierten Teilband der Reihe ‚Platonisches Christentum' erläutert.

---

96 Zu dieser von T. Szlezák, Seele, 32f. formulierten These vgl. Anm. 62. Treffend konstatiert S. J. Patterson, Way, 131: „This is not Gnosticism; it is simply a Jewish take on Platonism."

8.2 Schematische Veranschaulichung der platonischen Deutung der Gestalt und Botschaft Jesu im Thomasevangelium

Alles Leben geht aus dem göttlichen Licht hervor
und strebt dorthin zurück.
(EvThom 50,1; 77,1)
↓
Alle Menschen tragen das göttliche Licht in sich.
(EvThom 24,3)
↓
Jesus ist eine Menschwerdung
des göttlichen Lichts.
(EvThom 77)
↓
Wenn Menschen die Gestalt und die Botschaft Jesu verstehen und sich selbst erkennen, entfaltet sich ihre Wesenseinheit mit Jesus und die verborgenen Geheimnisse offenbaren sich ihnen.
(EvThom 108; entsprechend EvThom 3; 5; 92 etc.)
↓
Menschen müssen zwischen ihren sterblich-körperlichen Abbildern und ihren unsterblich-seelischen Urbildern unterscheiden.
(EvThom 84)
↓
Menschen dürfen ihre seelische Existenz nicht durch ihre körperlichen und kosmischen Dimensionen dominieren lassen.
(EvThom 56; 80; 87; 112 etc.)
↓
Das göttliche Licht wird sich weiterhin offenbaren.
(EvThom 83)
↓
Das in den Menschen verborgene Licht kann die Welt erleuchten.
(EvThom 24,3)

8.3 Zusammenfassung der Leit-Thesen

In den Zusammenfassungen der Leit-Thesen der Teilbände der Reihe ‚Platonisches Christentum' wird zunächst jeweils die Leit-These rekapituliert, die alle Beiträge miteinander verbindet. Die Zählung der weiteren Leit-Thesen orientiert sich an den Ordnungsnummern der einzelnen Bände.

> *Leit-These der Beiträge der Reihe ‚Platonisches Christentum':*
> Wissenschaftliche Auseinandersetzungen mit dem Phänomen ‚Tod' im Generellen und mit sogenannten ‚Nahtoderfahrungen' im Speziellen eröffnen Zugänge zu neuen Formen platonisch-christlicher Religiosität.

Leit-These 2.1: Das Thomasevangelium ist eines der ältesten Zeugnisse eines platonischen Christentums, dessen Botschaft heute neu bedacht werden sollte.

Leit-These 2.2: Der Verfasser des Johannesevangeliums stilisiert Thomas zum Sinnbild eines Zweiflers, um eine konträre Deutung der Gestalt und Botschaft Jesu zu kritisieren.

Leit-These 2.3: Der Sammelbegriff ‚Thomaschristen' bezeichnet unterschiedliche Gemeinschaften christlicher Religiosität, die sich auf den Apostel Thomas berufen und die nicht durch die Schriften des Neuen Testaments repräsentiert werden.

Leit-These 2.4: Auch wenn seine überlieferten Textzeugen und Traditionen verhältnismäßig jung sind und ein sukzessives Wachstum erkennen lassen, repräsentiert das Thomasevangelium frühchristliche Diskurspositionen, die indirekt bereits in kanonischen Zeugnissen begegnen.

8. Zusammenfassungen und Ausblicke

Leit-These 2.5: Apokryphe Zeugnisse wie das Thomasevangelium bringen frühchristliche Diskurse zur Geltung, die heute neu belebt werden sollten.

Leit-These 2.6: Auch wenn die biblischen Evangelien keine einheitlichen Jesus-Bilder überliefern, unterscheiden sie sich grundlegend von dem Jesus-Bild des Thomasevangeliums.

Leit-These 2.7: Für das Thomasevangelium haben die historischen Umstände des Lebens Jesu, der Glaube an einen Sühnetod Jesu und der Glaube an eine körperliche Auferstehung Jesu keine Relevanz.

Leit-These 2.8: Das Jesus-Bild des Johannesevangeliums kann als unmittelbarer Gegensatz zu dem Jesus-Bild des Thomasevangeliums gedeutet werden.

Leit-These 2.9: Im Thomasevangelium wird die Gestalt und Botschaft Jesu nicht im Rahmen biblischer Traditionen interpretiert, sondern im Rahmen des Platonismus.

Leit-These 2.10: Das Thomasevangelium verkörpert einen neuen Ansatz in der Geschichte des Platonismus und des frühen Christentums, der als platonisches Christentum bezeichnet werden kann.

Leit-These 2.11: Die Entwicklungen, die durch den frühjüdischen Wanderprediger Jesus von Nazareth inspiriert wurden, können nur unter Einziehung des Thomasevangeliums und des Johannesevangeliums angemessen verstanden werden.

8. Zusammenfassungen und Ausblicke

Leit-These 2.12: Das Thomasevangelium vermittelt zentrale Vorstellungen des Platonismus als Botschaft Jesu, vor allem die Vorstellungen von der Unsterblichkeit der Seele, von der Gleichwerdung der Seele mit Gott, von der Abbildhaftigkeit der vorfindlichen Existenz und von der Erkenntnis des ‚wahren Lichts'.

Leit-These 2.13: Das Thomasevangelium versteht *alle* Menschen als Trägerinnen und Träger des göttlichen Lichts, welches die Welt erleuchtet, wenn sie mit Jesus wesenseins werden.

Leit-These 2.14: Das Thomasevangelium deutet die Gestalt Jesu als *eine* Menschwerdung des ‚wahren Lichts', das Platon zufolge nur außerhalb der vorfindlichen Welt erfahrbar ist.

Leit-These 2.15: Für das Thomasevangelium ist Jesus der Gründer eines ‚Platonischen Christentums'.

9. Abkürzungsverzeichnis

Die Abkürzungen für Buchreihen, Zeitschriften etc. orientieren sich an S. M. Schwertner, Internationales Abkürzungsverzeichnis für Theologie und Grenzgebiete, 2. Aufl., Berlin/New York 1992 (allerdings wird in der Zitation biblischer Bücher statt I Joh stets 1 Joh etc. gewählt). Die Abkürzungen zum Corpus Platonicum folgen der Aufstellung von C. Horn/J. Müller/J. Söder (Hg.), Platon-Handbuch. Leben – Werk – Wirkung, Stuttgart 2009, 523f. Die Abkürzungen der sonstigen griechischen und lateinischen Autoren folgen G. W. H. Lampe, A Patristic Greek Lexicon, Oxford 1987; H. G. Liddell/R. Scott, A Greek-English Lexicon. New ed. by H. S. Jones, Oxford 1940, Repr. 1961; P. G. W. Glare, Oxford Latin Dictionary, Oxford 1982. Die Abkürzungen der Nag-Hammadi-Schriften folgen der Aufstellung von H.-M. Schenke, Nag Hammadi Deutsch (hrsg. durch die Berlin-Brandenburgische Akademie der Wissenschaften, eingeleitet und übersetzt von Mitgliedern des Berliner Arbeitskreises für Koptisch-Gnostische Schriften; hrsg. von H.-M. Schenke/H.-G. Bethge/U. U. Kaiser) Koptisch-gnostische Schriften 2: NHC I,1-V,1 (GCS N. F. 8), Berlin/New York 2001, XIX-XXI. Im Literaturverzeichnis sind die Kurztitel durch Kursivierung gekennzeichnet, soweit dies aufgrund mehrerer Beiträge einer Autorin bzw. eines Autors nötig ist.

10. Literaturverzeichnis

10.1 Textausgaben und Übersetzungen des Thomasevangeliums

Attridge, H. W., The Gospel According to Thomas. Appendix: The *Greek Fragments*, in: B. Layton (ed.), Nag Hammadi Codex II,2-7, Bd. 1: Gospel According to Thomas, Gospel according to Philip, Hypostasis of the Archons and Indexes (NHS XX), Leiden u. a. 1989, 93-128.

Bethge, H.-G., *Evangelium Thomae Copticum*, in: K. Aland u. a. (Hg.), Synopsis quattuor Evangeliorum. Locis parallelis evangeliorum apocryporum et patrum adhibitis edidit, Stuttgart 1996, 517-546.

Layton, B./T. O. Lambdin, The Gospel According to *Thomas*, in: B. Layton (ed.), Nag Hammadi Codex II,2-7, Bd. 1: Gospel According to Thomas, Gospel according to Philip, Hypostasis of the Archons and Indexes (NHS XX), Leiden u. a. 1989, 52-92.

Leipoldt, J., Das Evangelium nach Thomas: koptisch und deutsch (TU 101), Berlin 1967.

Robinson, J. M. u. a. (Hg.), The *Facsimile Edition* of the Nag Hammadi Codices: Bd. 2: Kodex II (publ. under the auspices of the department of Antiquities of the Arab Republic of Egypt), Leiden 1974.

Schröter, J., Die *Oxyrhynchus-Papyri* I 1, IV 654 und IV 655 (P.Oxy. I 1; IV 654 und IV 655), in: J. Schröter/C. Markschies, Antike christliche Apokryphen in deutscher Übersetzung, Band 1: Evangelien und Verwandtes; Teilband 1 (7. Auflage der von Edgar Hennecke begründeten und von Wilhelm Schneemelcher fortgeführten Sammlung der neutestamentlichen Apokryphen), Tübingen 2012, 523-526.

Schröter, J./H.-G. Bethge, Das *Evangelium nach Thomas*, in: H.-M. Schenke, Nag Hammadi Deutsch (hrsg. durch die Berlin-Brandenburgische Akademie der Wissenschaften, eingeleitet und übersetzt von Mitgliedern des Berliner Arbeitskreises für Koptisch-Gnostische Schriften; hrsg. von H.-M. Schenke/H.-G. Bethge/U. U. Kaiser), Koptische-gnostische Schriften 2: NHC 1,1-5,1 (GCS N. F., Bd. 8), Berlin/New York 2001, 151-181.

Schröter, J./H.-G. Bethge, Das Evangelium nach *Thomas* (Thomasevangelium [NHC II,2 p. 32,10-51,28]) Oxyrhynchus-Papyri I 1, IV 654 und IV 655 (P.Oxy. I 1; IV 654 und IV 655), in: J. Schröter/C. Markschies, Antike christliche Apokryphen in deutscher Übersetzung, Band 1: Evangelien und Verwandtes; Teilband 1 (7. Auflage der von Edgar Hennecke begründeten und von Wilhelm Schneemelcher fortgeführten Sammlung der neutestamentlichen Apokryphen), Tübingen 2012, 483-522.

10.2 Sekundärliteratur

Attridge, H. W., "Seeking" and "asking" in Q, *Thomas*, and John, in: J. M. Asgeirsson/K. de Troyer/M. W. Meyer (Hg.), From Quest to Q, FS J. M. Robinson (BEThL 146), Leuven 2000, 295-302.

Attridge, H. W., The *Original Language* of the Acts of Thomas, in: Ders./J. J. Collins/T. Tobin (Hg.), Of Scribes and Scrolls. Studies on the Hebrew Bible, Intertestamental Judaism, and Christian Origins. FS J. Strugnell (College Theology Society Resources in Religion 5), Lanham 1990, 241-250.

Attridge, H. W., Stoic and *Platonic Reflections* on Naming in Early Christianity Circles: Or: What's in a Name?, in: T. Engberg-Pedersen (Hg.), From Stoicism to Platonism, Cambridge 2017, 277-295.

10. Literaturverzeichnis

Bacht, H., Das Vermächtnis des Ursprungs (Bd. 1: Studien zum frühen Mönchtum; Bd. 2: Pachomius und sein Werk), (Studien zur Theologie des geistlichen Lebens 5 bzw. 8), Würzburg 1972 bzw. 1983.

Barns, J. W. B./G. M. Brown/J. C. Shelten (Hg.), Nag Hammadi Codices: Greek and coptic Papyri from the Cartonage of the Covers (NHS 16), Brill 1984.

Bauckham, R., James and the Jerusalem Community, in: O. Skarsaune/R. Hvalvik (Hg.), Jewish Believers in Jesus, Peabody 2007, 55-95.

Bauckham, R., The Testimony of the Beloved Disciple: Narrative, History, and Theology in the Gospel of John, Grand Rapids 2007.

Carlson, S. C., Origen's Use of the Gospel of Thomas, in: J. H. Charlesworth/L. M. McDonald (Hg.), Sacra Scriptura: How 'Non-Canonical' Texts Functioned in Early Judaism and Early Christianity (Jewish and Christian Textes 20), London 2014, 137-151.

Charlesworth, J. H., The *Beloved Disciple*: Whose Witness Validates the Gospel of John?, Valley Forge 1995.

Chilton, B./C. A. Evans (Hg.), Studying the historical Jesus. Evaluations of the state of current research (NTTS 19), Leiden/New York/Köln 1994.

Couenhoven, J., Predestination: Guide for the Perplexed, London 2018.

DeConick, A. D., *Voices* of the Mystics. Early Christian Discourse in the Gospel of John and Thomas and other Ancient Christian Literature (JSNT.S 157), Sheffield 2001.

DeConick, A. D., On the brink of the apocalypse: A preliminary examination of the earliest speeches in the Gospel of *Thomas*, in: J. A. Asgeirsson/A. D. De Conick/R. Uro (Hg.), Thomasine traditions in antiquity. The social and cultural world of the Gospel of Thomas (NHMS 59), Leiden u. a. 2006, 93-118.

DeConick, A. D., "*Blessed* are those who have not seen" (Jn 20:29): Johannine dramatization of an early christian discourse, in: J. D. Turner/A. McGuire (Hg.), The Nag Hammadi library after fifty years. Proceedings of the 1995 Society of Biblical Literature commemoration (NHS 44), Leiden/New York/Köln 1997, 381-398.

DeConick, A. D., The yoke saying in the gospel of *Thomas 90*, in: VigChr 44 (1990), 280-294.

DeConick, A. D., Seek to see him. Ascent and *Vision Mysticism* in the gospel of Thomas (SVigChr 33), Leiden u. a. 1996.

DeConick, A. D., The original *Gospel of Thomas*, in: VigChr 56 (2002), 167-199.

DeConick, A. D., *John rivals Thomas*. From community conflict to gospel narrative, in: R. T. Fortna/T. Thatcher (Hg.), Jesus in Johannine tradition, Louisville u. a. 2001, 303-311.

DeConick, A. D., The *Original Gospel* of Thomas in Translation. With a commentary and New English Translation of the Complete Gospel (LNTS 287), London/New York 2006.

Dodd, C. H., The Interpretation of the Fourth Gospel, London 1953.

Dörrie, H., Die geschichtlichen Wurzeln des Platonismus (Band 1), in: Ders./M. Baltes (Hg.), Der Platonismus in der Antike, Bände 1-6, Stuttgart/Bad Cannstatt 1987.

Drijvers, H. J. W., Die *Thomasakten*, in: W. Schneemelcher (Hg.), Neutestamentliche Apokryphen in deutscher Übersetzung, Bd. II: Apostolisches, Apokalypsen und Verwandtes, Tübingen 1999, 289-367.

Drijvers, H. J. W., Art. *Thomas*, Apostel, in: TRE 33 (2002), 430-433.

Dunderberg, I., Valentinian Theories on *Classes of Humankind*, in: Ders., Gnostic Morality Revisited (WUNT 347), Tübingen 2015, 79-92.

Dunderberg, I., John and Thomas in *Conflict?*, in: J. D. Turner/A. McGuire (ed.), The Nag Hammadi Library after Fifty Years: Preceedings of the 1995 Society of Biblical Literature Commemoration (NHMS XLIV), Leiden/New York/Köln 1997, 361-380.

Dunderberg, I., Thomas' *I-sayings* and the gospel of John, in: R. Uro (Hg.), Thomas at the crossroads. Essays on the Gospel of Thomas (Studies of the New Testament and its world), Edinburgh 1998, 33-64.

Dunderberg, I., From Thomas to *Valentinus*: Genesis exegesis in Fragment 4 of Valentinus and its relationship to the Gospel of Thomas, in: J. A. Asgeirsson/A. D. De Conick/R. Uro (Hg.), Thomasine traditions in antiquity. The social and cultural world of the Gospel of Thomas (NHMS 59), Leiden u. a. 2006, 221-237.

Dunderberg, I., Thomas and the *Beloved disciple*, in: R. Uro (Hg.), Thomas at the crossroads. Essays on the Gospel of Thomas (Studies of the New Testament and its world), Edinburgh 1998, 65-88.

Dunderberg, I., The Beloved *Disciple* in Conflict? Revisiting the Gospel of John and Thomas, Oxford 2006.

Eisele, W., *Ziehen*, Führen und Verführen: eine begriffs- und motivgeschichtliche Untersuchung zu EvThom 3,1, in: J. Frey/E. E. Popkes/J. Schröter (Hg.), Das Thomasevangelium: Entstehung – Rezeption – Theologie; unter Mitarbeit von C. Reiher (BZNW 157), Berlin 2008, 380-415.

Eisele, W., *Jenseitsmythen* bei Platon und Plutarch, in: M. Lang/M. Labahn (Hg.), Lebendige Hoffnung – ewiger Tod?! Jenseitsvorstellungen im Hellenismus, Judentum und Christentum (ABG 24), Leipzig 2007, 315-339.

Eisele, W., Welcher *Thomas*? Studien zur Text- und Überlieferungsgeschichte des Thomasevangeliums (WUNT 259), Tübingen 2010.

Eisele, W. (Hg.), Die *Sextussprüche* und ihre Verwandten. Eingeleitet, übersetzt und mit interpretierenden Essays versehen von Wilfried Eisele, Yury Arzhanov, Michael Durst und Thomas Pitour (SAPERE 26), Tübingen 2015.

Emmel, S., The Coptic Gnostic Texts as Witnesses to the Production and Transmission of Gnostic (and Other) Traditions, in: J. Frey/E. E. Popkes/J. Schröter (Hg.), Das Thomasevangelium: Entstehung – Rezeption – Theologie; unter Mitarbeit von C. Reiher (BZNW 157), Berlin 2008, 33-49.

Engberg-Pedersen, T., John and Philosophy: a new Reading of the Fourth Gospel, Oxford 2017.

Eskola, T., Theodicy and Predestination in Pauline Soteriology (WUNT II/100), Tübingen 1998.

Fröhlich, B., Selbsterkenntnis und Lebenspraxis: zur apollinischen und platonischen Ethik, Göttingen 2017.

Gagné, A., The Gospel of Thomas and the New Testament, in: J.-M. Roessli/T. Nicklas (Hg.), Christian Apocrypha: Receptions of the New Testament in Ancient Christian Apocrypha (Novum Testamentum Patristicum 26), Göttingen 2014, 27-40.

Garitte, G., Le martyre grégorien de l'apôtre Thomas, in: Muséon 83 (1970), 497-532.

Gathercole, S., The Gospel of *Thomas*: Introduction and Commentary (TENT 11), Leiden/Boston 2014.

Gathercole, S., *The Nag Hammadi Gospels*, in: J. Schröter/K. Schwarz (Hg.), Die Nag-Hammadi-Schriften in der Literatur- und Theologiegeschichte des frühen Christentums (STAC 106), Tübingen 2017, 199-218.

Hartenstein, J., Charakterisierung im Dialog: Maria Magdalena, Petrus, Thomas und die Mutter Jesu im Johannesevangelium im Kontext anderer frühchristlicher Darstellungen (NTOA 64), Göttingen 2007.

Hedrick, C. W., Unlocking the Secrets of the Gospel according to *Thomas:* a radical faith for a New Age, Eugene 2010.

Hedrick, C. W., *Gnostic Proclivities* in the Greek Life of Pachomius and the Sitz im Leben of the Nag Hammadi Library, in: NT 22 (1980), 78-94.

Hengel, M., *Jakobus* der Herrenbruder – der erste „Papst"?, in: Ders., Kleine Schriften 3: Paulus und Jakobus (WUNT 141), Tübingen 2002, 549-582.

Hengel, M., Die johanneische *Frage*. Ein Lösungsversuch. Mit einem Beitrag zur Apokalypse von J. Frey (WUNT 67), Tübingen 1993.

Holmén, T./S. E. Porter (Hg.), Handbook for the study of the Historical Jesus (4 vols.), Leiden/Boston 2011.

Hurtado, L., The Greek Fragments of the Gospel of Thomas as Artefacts: Papyrological Observations on Papyrus Oxyrhynchus 1, Papyrus Oxyrhynchus 654 and Papyrus Oxyrhynchus 655, in: J. Frey/E. E. Popkes/J. Schröter (Hg.), Das Thomasevangelium: Entstehung – Rezeption – Theologie; unter Mitarbeit von C. Reiher (BZNW 157), Berlin 2008, 19-32.

Jackson, H. M., The lion becomes man. The Gnostic leontomorphic creator and the *Platonic tradition* (SBL.DS 81), Atlanta 1985.

Kaiser, U. U., Die Rede von Wiedergeburt im Neuen Testament: ein metapherntheoretisch orientierter Neuansatz nach 100 Jahren Forschungsgeschichte (WUNT 413), Tübingen 2018.

King, K. L., *What ist Gnosticism?*, Cambridge 2003.

Klauck, H.-J., Die religiöse *Umwelt* des Urchristentums I/II (KStTh 9), Stuttgart/Berlin/New York 1995 bzw. 1996.

Klauck, H.-J., *Apokryphe Evangelien*: eine Einführung, Stuttgart 2002.

Van Kooten, G. H., The '*True light*' which enlightens everyone' (John 1:9): John, Genesis, the Platonic Notion of the True/Noetic Light and the Allegory of the Cave in Plato's Republic, in: G. H. van Kooten (Hg.), The Creation of Heaven and Earth: Reinterpretations of Genesis I in the Context of Judaism, Ancient Philosophy, Christianity and Modern Physics (Themes in Biblical Narrative 8), Leiden 2005, 149-194.

Van Kooten, G. H., Paul's *Anthropology* in context: the image of God, assimilation to God and tripartite man in ancient Judaism, ancient philosophy and early Christianity (WUNT 232), Tübingen 2008.

Kunath, F., Die Präexistenz Jesu im Johannesevangelium: Struktur und Theologie eines johanneischen Motivs (BZNW 212), Berlin/Boston 2016.

Layton, B., The *Gnostic Scriptures*. A New Translation with Annotations and Introductions, London 1987.

Layton, B. (ed.), *Nag Hammadi Codex II,2-7* together with XIII,2*, Brit. Lib. Or. 4926 (1) and P. Oxy. 1, 654, 655 (NHS 20), Leiden etc. 1989.

Layton, B., *Introduction*, in: Ders. (Hg.), Nag Hammadi Codex II,2-7 together with XIII,2*, Brit. Lib. Or. 4926 (1) and P. Oxy. 1, 654, 655 (NHS 20), Leiden etc. 1989.

Link, C., Art. Erwählung III. Dogmatisch, in: RGG[4] 2 (1999), 1482-1489.

Lührmann, D./E. Schlarb, Fragmente apokryph gewordener Evangelien. In griechischer und lateinischer Sprache; übersetzt und eingeleitet in Zusammenarbeit mit E. Schlarb (MThS Studien 59), Marburg 2000.

Luijendijk, A., Buried and Raised: Gospel of Thomas Logion 5 and Resurrection, in: E. Iricinschi/L. Jenott/N. D. Lewis/P. Townsend (Hg.), Beyond the Gnostic Gospels: Studies Building on the Work of Elaine Pagels (STAC 82), Tübingen 2013, 272-296.

Lundhaug, H./J. Lance, The Monastic Origins of the Nag Hammadi Codices (STAC 97), Tübingen 2015.

Markschies, C., *Valentinus* Gnosticus? Untersuchungen zur valentinianischen Gnosis mit einem Kommentar zu den Fragmenten Valentins (WUNT 65), Tübingen 1992.

Markschies, C., Die *Gnosis* (C. H. Beck-Wissen 2173), München 2001.

Markschies, C., Offene Fragen zur historischen und literaturgeschichtlichen Einordnung der *Nag-Hammadi-Schriften,* in: J. Schröter/K. Schwarz (Hg.), Die Nag-Hammadi-Schriften in der Literatur- und Theologiegeschichte des frühen Christentums (STAC 106), Tübingen 2017, 15-36.

Martin, G. M., Das Thomas-Evangelium: ein spiritueller Kommentar, Stuttgart 1998.

Mayordomo, M., Kluge Mädchen kommen überall hin ... (Von den zehn Jungfrauen) – Mt 25,1-13, in: R. Zimmermann (Hg.), Kompendium der Gleichnisse Jesu; 2. korrigierte und um Literatur ergänzte Auflage, Gütersloh 2015, 488-503.

Ménard, J.-É., L'Évangile selon *Thomas* (NHS 5), Leiden 1975.

Miroshnikov, I., The Gospel of Thomas and Plato: a study of the impact of Platonism on the 'Fifth Gospel' (NHMS 93), Leiden/Boston 2018.

Mußner, F., Traktat über die Juden (überarbeitete Neuauflage der Erstauflage von 1979), Göttingen 2009.

Nicklas, T., Beyond Canon. Christian Apocrypha and Pilgrimage, in: T. Nicklas /C. R. Moss/C. Tuckett/J. Verheyden (Hg.), The Other Side: Apocryphal Perspectives on Ancient Christian „Orthodoxies" (NTOA/SUNT 117), Göttingen 2017, 23-38.

Nordsieck, R., Das Thomas-Evangelium. Einleitung. Die Frage nach dem historischen Jesus, Kommentierung aller 114 Logien (4., durchgesehene und erweiterte Auflage), Neukirchen-Vluyn 2014.

Pagels, E., *Exegesis* of Genesis 1 in the Gospels of Thomas and John, in: JBL 118 (1999), 477-496.

Pagels, E., The Johannine Gospel in *Gnostic Exegesis*: Heracleon's commentary on John (SBL.MS 17), Atlanta 1989.

Pagels, E., Das *Geheimnis* des fünften Evangeliums. Warum die Bibel nur die halbe Wahrheit sagt, München 2004.

Painter, J., Just James. The brother of Jesus in history and tradition (Personalities of the New Testament), Edinburgh 1999.

Patterson, S. J., Jesus meets Plato: The Theology of the Gospel of Thomas and Middle Platonism, in: J. Frey/E. E. Popkes/J. Schröter (Hg.), Das Thomasevangelium: Entstehung – Rezeption – Theologie (BZNW 157), Berlin/New York 2008, 181-205.

10. Literaturverzeichnis

Patterson, S. J., The Lost *Way*: How two forgotten Gospels are rewriting the story of Christian Origins, New York 2014.

Patterson, S. J., The Gospel of Thomas and the *Synoptic Tradition*. A Forschungsbericht and Critique, in: Foundation and Facets Forum 8 (1992), 45-97.

Patterson, S. J., *Wisdom* in Q and Thomas, in: L. G. Perdue/B. B. Scott/W. J. Wiseman (Hg.), In search of wisdom, FS J. G. Gammie, Louisville 1993, 187-221.

Patterson, S. J., Understanding the gospel of *Thomas today*, in: Ders./J. M. Robinson, (Hg.), The fifth gospel. The gospel of Thomas comes of age, Harrisburg 1998, 33-75.

Patterson, S. J./J. M. Robinson (Hg.), The fifth gospel. The gospel of Thomas comes of age, Harrisburg 1998.

Patterson, S. J., The Gospel of *Thomas* and Jesus (Foundations & facets. Reference series), Sonoma 1993.

Patterson, S. J., The Gospel of Thomas and *Christian Origins:* Essays on the fifth Gospel (NHMS 84), Leiden 2013.

Patterson, S. J., *Now playing*: The gospel of Thomas, in: Bible review 16 (2000), 38-41.

Patterson, S. J., The Gospel of Thomas and the *Historical Jesus*, in: A. Gregory/C. Tuckett (Hg.), The Oxford Handbook of Early Christian Apocrypha, Oxford 2015, 233-249.

Pearson, B. A., Art. „Nag Hammadi", in: AncB.D IV (1992), 982-993.

Perrin, N., Thomas und *Tatian*: the relationship between the Gospel of Thomas and the Diatessaron (SBL.AB 5), Atlanta 2002.

Perrin, N., NHC II,2 and the Oxyrhynchus Fragments (P.Oxy 1, 654, 655): overlooked evidence for a *Syriac Gospel of Thomas*, in: VigChr 58 (2004), 138-151.

Perrin, N., The *Aramaic Origins* of the Gospel of Thomas – Revisited, in: J. Frey/E. E. Popkes/J. Schröter (Hg.), Das Thomasevangelium: Entstehung – Rezeption – Theologie; unter Mitarbeit von C. Reiher (BZNW 157), Berlin 2008, 50-59.

Plisch, U.-K., Das Thomasevangelium: Originaltext mit Kommentar, Stuttgart 2007.

Poirier, P.-H., *Évangile de Thomas*, Actes de Thomas, Livre de Thomas. Une tradition et ses transformations, in: Apocrypha 7 (1996), 9-26.

Poirier, P.-H., The writings ascribed to Thomas and the *Thomas* tradition, in: J. D. Turner/A. McGuire (Hg.), The Nag Hammadi library after fifty years. Proceedings of the 1995 Society of Biblical Literature commemoration (NHS 44), Leiden/New York/Köln 1997, 295-307.

Popkes, E. E., „Ich bin das *Licht*" – Erwägungen zur Verhältnisbestimmung des Thomasevangeliums und der johanneischen Schriften anhand der Lichtmetaphorik, in: J. Frey/U. Schnelle (Hg.), Kontexte des Johannesevangeliums. Das vierte Evangelium in religions- und traditionsgeschichtlicher Perspektive; unter Mitarbeit von J. Schlegel (WUNT 175), Tübingen 2004, 641-674.

Popkes, E. E., Das *Menschenbild* des Thomasevangeliums: Untersuchungen zu seiner religionshistorischen und chronologischen Verortung (WUNT 206), Tübingen 2007.

Popkes, E. E., *Erfahrungen* göttlicher Liebe. Band 1: Nahtoderfahrungen als Zugänge zum Platonismus und zum frühen Christentum, Göttingen 2018.

Popkes, E. E., Die Theologie der *Liebe* Gottes in den johanneischen Schriften: Studien zur Semantik der Liebe und zum Motivkreis des Dualismus (WUNT II 197), Tübingen 2005.

Popkes, E. E., Die *Umdeutung* des Todes Jesu im koptischen Thomasevangelium, in: J. Schröter/J. Frey (Hg.), Deutungen des Todes Jesu im Neuen Testament (WUNT 181), Tübingen 2005, 513-543.

Popkes, E. E., Von der *Eschatologie* zur Protologie: Die Transformation apokalyptischer Motive im Thomasevangelium, in: M. Becker/M. Öhler (Hg.), Apokalyptik als Herausforderung neutestamentlicher Theologie (WUNT II 214), Tübingen 2005, 213-235.

Popkes, E. E., About the differing approach to a theological *heritage*: Comments on the relationship between Qumran, the Gospel of John and the Gospel of Thomas, in: J. Charlesworth u. a. (Hg.), The Bible and the Dead Sea Scrolls, Vol. III: Qumran and Christian Origins, Waco 2006, 271-309.

Popkes, E. E., ‚Das *Mysterion* der Botschaft Jesu': Beobachtungen zur synoptischen Parabeltheorie und ihren Analogien im Johannesevangelium und Thomasevangelium, in: R. Zimmermann (Hg.), Hermeneutik der Gleichnisse Jesu. Methodische Neuansätze zum Verstehen urchristlicher Parabeltexte (WUNT 231), Tübingen 2008, 294-320.

Popkes, E. E., *Platonisches Christentum*: historische und methodische Grundlagen (Platonisches Christentum 1), Norderstedt 2019.

Popkes, E. E., Die *Theologie Platons*: Hintergründe eines platonischen Christentums (Platonisches Christentum 3), Norderstedt 2019.

Popkes, E. E., Das Thomasevangelium und das Johannesevangelium: *Wiederbelebungen* eines frühchristlichen Diskurses (Platonisches Christentum 4), Norderstedt 2019.

Popkes, E. E., The *Image Character* of human existence: GThom 83 and GThom 84 as core texts of the anthropology of the Gospel of Thomas, in: J. Frey/E. E. Popkes/J. Schröter (Hg.), Das Thomasevangelium: Entstehung – Rezeption – Theologie (BZNW 157), Berlin/New York 2008, 413-431.

Popkes, E. E., Das Thomasevangelium als *crux interpretum*: die methodischen Ursachen einer diffusen Diskussionslage, in: J. Frey/J. Schröter (Hg.), Jesus in apokryphen Evangelienüberlieferungen (WUNT 254), Tübingen 2010, 271-292.

Popkes, E. E., The Gospel of Thomas within *Early Christian History*: a Theological Appreciation and Discussion, in: H. Assel/S. Beyerle/C. Böttrich (Hg.), Beyond Biblical Theology (WUNT 295), Tübingen 2012, 609-625.

Popkes, E. E., Glaube und *Erkenntnis*: die Soteriologie des Johannesevangeliums und des Thomasevangeliums als Kontrast- und Konkurrenzkonzepte, in: J. Frey/B. Schliesser/N. Ueberschaer (Hg.), Glaube im frühen Christentum (WUNT 373), Tübingen 2017, 773-790.

Pratscher, W., Der Herrenbruder Jakobus und die Jakobustradition (FRLANT 139), Göttingen 1987.

Riley, G. J., Resurrection Reconsidered. Thomas and John in Controversy, Minneapolis 1995.

Robinson, J. M., On Bridging the Gulf from Q to the Gospel of *Thomas* (or Vice Versa), in: C. W. Hedrick/R. Hodgson (Hg.), Nag Hammadi, Gnosticism, & Early Christianity, Peabody 1986, 127-175.

Robinson, J. M./P. Hoffmann/J. S. Kloppenborg (ed.), The *Critical Edition* of Q. Synopsis including the Gospel of Matthew and Luke, Mark and Thomas with English, German and French Translations of Q and Thomas, Leuven/Minneapolis 2000.

Robinson, J. M., The Discovering and Marketing of *Coptic Manuscripts*: The Nag Hammadi Codices and the Bodmer Papyri (The roots of Egyptian christianity = Studies in Antiquity and Christianity), Philadelphia 1986.

Robinson, J. M., *Nag Hammadi*: The first fifty years, in: Ders./S. J. Patterson (Hg.), The fifth gospel. The gospel of Thomas comes of age, Harrisburg 1998, 77-110.

Robinson, J. M., *LOGOI SOPHON*: zur Gattung der Spruchquelle Q, in: H. Koester/J. M. Robinson, Entwicklungslinien durch die Welt des frühen Christentums, Tübingen 1971, 67-106.

Röhser, G., Prädestination und Verstockung: Untersuchungen zur frühjüdischen, paulinischen und johanneischen Theologie (TANZ 14), Tübingen/Basel 1994.

Roig Lanzillotta, L., Gospel of Thomas Logion 7 Unravelled: an intertextual approach to a *locus vexatus*, in: M. Baucks/W. Horowitz/A. Lange (Hg.), Between Text and Text: The Hermeneutics of Intertextuality in Ancient Cultures and their Afterlife in Medieval and Modern Times (JAJ.S 6), Göttingen 2013, 116-132.

Schenke, H.-M., On the *compositional history* of the Gospel of Thomas, in: FORUM 10,1/2 (1994), 9-30.

Schenke, H.-M., *Das Buch des Thomas* in: W. Schneemelcher (Hg.), Neutestamentliche Apokryphen in deutscher Übersetzung, 6. überarbeitete Aufl., Tübingen 1990, 192-204.

Schenke, H.-M., Das Buch des *Thomas (NHC II,7)*, in: Ders., Nag Hammadi Deutsch (hrsg. durch die Berlin-Brandenburgische Akademie der Wissenschaften, eingeleitet und übersetzt von Mitgliedern des Berliner Arbeitskreises für Koptisch-Gnostische Schriften; hrsg. von H.-M. Schenke/H.-G. Bethge/U. U. Kaiser) Koptische-gnostische Schriften 2: NHC 1,1-5,1 (GCS N. F., Bd. 8), Berlin/New York 2001, 279-291.

Schenke, H.-M., *Das Thomas-Buch* (Nag-Hammadi-Codex II/7), TU 138, Berlin 1989.

Schenke, H.-M., *Platon,* Politeia 588A-589B (NHC VI,5), in: H.-M. Schenke, Nag Hammadi Deutsch (hrsg. durch die Berlin-Brandenburgische Akademie der Wissenschaften, eingeleitet und übersetzt von Mitgliedern des Berliner Arbeitskreises für Koptisch-Gnostische Schriften; hrsg. von H.-M. Schenke/H.-G. Bethge/U. U. Kaiser), Koptische-gnostische Schriften 3: NHC V,1-XIII,1 (GCS N. F. 12), Berlin/New York 2003, 495-497.

Schenke, H.-M., Art. *Nag Hammadi,* in: TRE 28 (1994), 731-736.

Schleiermacher, F. D. E., Plato: Werke in 8 Bänden; Übersetzung von F. D. E. Schleiermacher; bearbeitet von D. Kurz/L. Robin/L. Méridier; hrsg. von G. Eigler (Sonderausgabe Wissenschaftliche Buchgesellschaft; 3. unveränderte Auflage), Darmstadt 1990.

Schleiermacher, F. D. E., Platons Werke (Erster Teil; erster Band), in: L. Käppel/J. Loehr (Hg.), Platons Werke I,1 (KGA IV,3), Berlin 2016, 2-1039.

Schnelle, U., *Paulus.* Leben und Denken (de Gruyter Lehrbuch), Berlin 2003.

Schnelle, U., *Einleitung* in das Neue Testament (UTB 1830), Göttingen 2017[9].

Schröter, J., *Erinnerung* an Jesu Worte. Studien zur Rezeption der Logienüberlieferung in Markus, Q und Thomas (WMANT 76), Neukirchen-Vluyn 1997.

Schröter, J., Die *Herausforderung* einer theologischen Interpretation des Thomasevangelium, in: J. Frey/E. E. Popkes/J. Schröter (Hg.), Das Thomasevangelium: Entstehung – Rezeption – Theologie; unter Mitarbeit von C. Reiher (BZNW 157), Berlin 2008, 435-459.

Schröter, J./C. Jacobi (Hg.), Jesus-Handbuch (Handbücher Theologie), Tübingen 2017.

Schur, B. T., ‚Von hier nach dort': Der Philosophiebegriff bei Platon, Göttingen 2013.

Sellew, P., The Gospel of *Thomas*: Prospects for future research, in: J. D. Turner/A. McGuire (Hg.), The Nag Hammadi library after fifty years. Proceedings of the 1995 Society of Biblical Literature commemoration (NHS 44), Leiden/New York/Köln 1997, 327-346.

Sellew, P., *Death*, the body, and the world in the Gospel of Thomas, in: StPatr 30 (1997), 530-534.

Sellew, P., *Thomas christianity*: Scholars in quest of a community, in: J. N. Bremmer (Hg.), The apocryphal Acts of Thomas (Studies on early christian apocrypha 6), Leuven 2001, 11-35.

Szlezák, T. A., Der Begriff ‚Seele' als Mitte der Philosophie Platons, in: K. Crone/R. Schnepf/J. Stolzenberg (Hg.), Über die Seele (Suhrkamp Taschenbuch 1916), Berlin 2010, 13-34.

Theißen, G., Die *Religion* der ersten Christen: eine Theorie des Urchristentums: dritte durchgesehene Auflage, Gütersloh 2003.

Theißen, G./A. Merz, Der historische *Jesus*: ein Lehrbuch, Göttingen 2013[4].

Thomaskutty, J., Saint Thomas the Apostle: New Testament, Apocrypha, and historical traditions (Jewish and Christian Texts 25), London/New York/New Delhi/Sydney 2018.

Thomassen, E., The Spiritual Seed: the Church of the ‚Valentinians', Leiden/Boston 2008[2].

Thyen, H., Das Johannesevangelium (HNT 6), Tübingen 2015[2].

Tornau, C., Neuplatonische Kritik an den Gnostikern und das theologische Profil des Thomasevangeliums, in: J. Frey/E. E. Popkes/J. Schröter (Hg.), Das Thomasevangelium: Entstehung – Rezeption – Theologie; unter Mitarbeit von C. Reiher (BZNW 157), Berlin 2008, 326-359.

Trillhaas, W., Dogmatik (4. verb. Auflage), Berlin 1980 (Reprint 2017).

Tubach, J., Historische Elemente in den Thomasakten, in: Ders./G. V. Vashalomidze (Hg.), Studien zu den Thomas-Christen in Indien (Hallesche Beiträge zur Orientwissenschaft 33), Halle/Saale 2006, 49-116.

Tuckett, C., What's in a *Name*? How apocryphal are the apocryphal gospels, in: T. Nicklas/C. R. Moss/C. Tuckett/J. Verheyden (Hg.), The *Other Side*: Apocryphal Perspectives on Ancient Christian „Orthodoxies" (NTOA/SUNT 117), Göttingen 2017, 149-164.

Tuckett, C., Das *Thomasevangelium* und die synoptischen Evangelien, in: BThZ 12 (1995), 186-200.

Tuckett, C., The Gospel of *Thomas*: Evidence for Jesus? in: NedThT 52 (1998), 17-32.

Tuckett, C., *Thomas and the Synoptics*, in: NT 30 (1998), 132-157.

Tuckett, C., *Sethian Gnosticism* and the Platonic Tradition (BCNH.É 6), Québec/Louvain-Paris 2001.

Turner, J. D., Art. Valentinianismus, in: AncB.D 6 (1992), 781-783.

Uro, R., Is Thomas an *Encratite gospel?*, in: R. Uro (Hg.), Thomas at the crossroads. Essays on the Gospel of Thomas (Studies of the New Testament and its world), Edinburgh 1998, 140-162.

Uro, R., *Thomas*. Seeking the historical context of the Gospel of Thomas, London 2003.

Uro, R., Thomas at the crossroads. *New perspectives* on a debated gospel, in: R. Uro (Hg.), Thomas at the crossroads. Essays on the Gospel of Thomas (Studies of the New Testament and its world), Edinburgh 1998, 1-7.

Valantasis, R., The Gospel of Thomas (New Testament Readings), London/New York 1997.

Williams, M. A., Rethinking ‚Gnosticism'. An argument for dismantling a dubious category, Princeton 1996.

Wisse, F., Gnosticism and Early Monasticism in Egypt, in: B. Aland (Hg.), Gnosis (FS H. Jonas), Göttingen 1978, 431-440.

Witetscheck, S., Thomas und Johannes – Johannes und Thomas. Das Verhältnis der Logien des Thomasevangeliums zum Johannesevangelium (HBS 79), Freiburg/Basel/Wien 2015.

Wright, N. T., The Resurrection of the Son of God, London 2012.

Zander, H., Geschichte der Seelenwanderung in Europa: alternative religiöse Traditionen von der Antike bis heute, Darmstadt 1999.

Zeindler, W., Erwählung: Gottes Weg in der Welt, Zürich 2009.

Zimmermann, R., Geschlechtermetaphorik und Gottesverhältnis: Traditionsgeschichte und Theologie eines Bildfelds in Urchristentum und antiker Umwelt (WUNT II/122), Tübingen 2001.

Zöckler, T., Jesu Lehren im Thomasevangelium (NHMS XLVII), Leiden/Boston/Köln 1999.

Zumstein, J., Das Johannesevangelium (KEK 2), Göttingen 2016.